Beck'scheReihe

Denker
BsR 528

Bs**R**

Während Theodor W. Adorno, Herbert Marcuse und sogar Walter Benjamin, der Außenseiter der Frankfurter Schule, für diese Denkrichtung als repräsentativ gelten, wird der Einfluß Max Horkheimers auf deren frühe Phase eingeschränkt. Diesen Eindruck korrigiert nun der Autor auf der Grundlage der jüngsten aus dem Horkheimer Archiv veröffentlichten Bände und des noch unveröffentlichten Materials. Es war Horkheimer, der in vielen Fällen Adornos Ideen und Konzeptionen inspirierte, ohne daß eine einseitige Abhängigkeit bestanden hätte. Anhand der wichtigsten Lebensstationen Horkheimers in Deutschland und im Exil entfaltet der Autor die Entstehung der Kritischen Theorie von den Romanen der Frühperiode bis zur Sehnsucht nach dem Anderen: ein wichtiger Beitrag zur noch ungeschriebenen intellektuellen Physiognomie des 20. Jahrhunderts.

Zvi Rosen ist Professor für Philosophie an der Tel Aviv University in Israel.

Die Reihe „Denker" wird herausgegeben von *Otfried Höffe*, Professor für Philosophie an der Universität Tübingen. Über die weiteren Bände der Reihe siehe S. 174.

ZVI ROSEN

Max Horkheimer

VERLAG C.H.BECK

Mit 10 Abbildungen (Stadt- und Universitätsbibliothek
Frankfurt am Main, Max Horkheimer-Archiv)

Die Deutsche Bibliothek – CIP-Einheitsaufnahme

Rosen, Zvi:
Max Horkheimer / Zvi Rosen. – Orig.-Ausg. –
München: Beck, 1995
  (Beck'sche Reihe; 528: Denker)
  ISBN 3 406 34640 5
NE: GT

Originalausgabe
ISBN 3 406 34640 5

Umschlagentwurf: Uwe Göbel, München
Umschlagabbildung: Max Horkheimer-Archiv
© C.H.Beck'sche Verlagsbuchhandlung (Oscar Beck), München 1995
Gesamtherstellung: Appl, Wemding
Gedruckt auf säurefreiem,
aus chlorfrei gebleichtem Zellstoff hergestelltem Papier
Printed in Germany

Inhalt

Zitierweise mit Abkürzungen

GS   Horkheimers Texte werden, soweit sie dort ediert sind, nach den „Gesammelten Schriften" zitiert (s. Bibliographie).

HA   Unveröffentlichte Texte aus dem Horkheimer Archiv, Frankfurt.

MEW   Karl Marx/Friedrich Engels: Werke, Berlin 1956 ff.

Schr.   Karl Marx: Schriften. Sieben Bände. Herausgegeben von Hans-Joachim Lieber, Darmstadt 1962 ff.

Werke   G. W. F. Hegel: Werke in 20 Bänden, Frankfurt 1986.

ZfS   Zeitschrift für Sozialforschung (s. Bibliographie).

Vorwort

In einer schlaflosen Nacht schrieb der damals sechsundzwanzigjährige Horkheimer an seine künftige Frau Rose Riekher, von ihm Maidon genannt: „Daß ich leben muß, ist eine Notwendigkeit, der ich mich nicht entziehen dürfte – selbst wenn das einen Sinn hätte. Ich muß also leben, bis ich nicht mehr darf: Ich muß – ich habe Aufgaben – weil mein Wille sie gestellt hat – ich hasse sie manchmal – aber mein Wille ist da ... Sein Ziel ist in Wahrheit immer aufs neue und in die Ewigkeit unerschöpfliches Glück, seine größte Feindin ist Resignation. Immer ist diese Kraft in Aktion und in ihrem Dienst stehen alle meine Fähigkeiten: er hat sich meine Aufgaben erschaffen und mich unter ihr Gesetz gestellt, er hat mir Zwecke gewiesen, unter denen das Leben nur ein geringer ist, er stellt mich der gesellschaftlichen Ordnung und der geistigen Welt, der ich entwuchs, mit grauenhafter Brutalität feindlich entgegen, kritisiert unerbittlich die geringste Schwäche meiner Eltern, die mich hegen, zu bürgerlichem Laster, jagt mich zu jeder Nacht- und Tagzeit mit dem Gedanken an menschliche Bestialitäten in Verzweiflung, läßt mich nie vergessen, daß Juden gemartert werden und brüllt mir meine Aufgabe zu – mein Wille". (nachts 15./16. März 1921, HA)

Diese Gedanken enthalten im Keim Auffassungen, die für Horkheimers intellektuelle Entwicklung eine wesentliche Bedeutung haben. In ihnen meldet sich an, was man als charakteristische Züge seiner Philosophie betrachten kann: rebellierender Protest gegen Leid, Unrecht, Gewalt und als Kehrseite die Sehnsucht nach Wahrheit, Glück und Auflösung der autoritären Verhältnisse – die schmerzliche Erfahrung der Grausamkeiten der Welt und die Verzweiflung als Reaktion auf das gesellschaftliche Übel, auf Greueltaten gegen die Machtlosen und Juden.

Was Horkheimers frühes Denken charakterisiert, ist sein ausgeprägter Sinn für das Leiden der Menschen, eine metaphysische Trauer über die Weltordnung, kompromißlose Gesellschaftskritik und zugleich prinzipieller anthropologischer Pessimismus. Es handelt sich hier nicht um eine systematische Kritik, bzw. Analyse der bürgerlichen Gesellschaft, sondern um eine Sammlung von Gedanken, die durchaus nicht immer auf kohärente Weise miteinander in Verbindung stehen. Von hier bis zur reifen Kritischen Theorie und Dialektik der Aufklärung ist noch ein langer Weg.

Natürlich denkt man bei Max Horkheimer sofort an die von ihm formulierte und ausgearbeitete *Kritische Theorie,* an das von ihm geführte *Institut für Sozialforschung* und an die *Frankfurter Schule,* ein von außen erfundener Terminus, den er selbst nicht benutzte. Das alles impliziert das Vorhandensein einer systematischen Theorie, die eigentlich bei Horkheimer in der frühen Phase seines Denkens nicht vorhanden war, und auch später nur in Umrissen formuliert wurde. Schriften, wie *Dämmerung. Notizen in Deutschland* und die *Eclipse of Reason* (in Deutschland unter dem Titel *Zur Kritik der instrumentellen Vernunft* bekannt) sind keine Werke im traditionellen philosophischen Sinne, sondern mehr eine Sammlung von Notizen und eine Zusammenstellung von philosophischen Fragmenten. Dasselbe läßt sich von dem berühmten Werk, der zusammen mit Adorno verfaßten *Dialektik der Aufklärung* behaupten, die stolz den Untertitel *Philosophische Fragmente* trägt. Horkheimer gab seinen Ideen Ausdruck hauptsächlich in Aufsätzen in der *Zeitschrift für Sozialforschung,* dem Sprachrohr des Instituts, und in anderen Zeitschriften und Sammelbänden. Diese Aufsätze, Notizen, Reden, Radiosendungen und Interviews sind im wesentlichen durch ihren fragmentarischen und aphoristischen Charakter gekennzeichnet. So haftet der Kritischen Theorie etwas Fragmentarisches an, was möglicherweise auch Horkheimers Wunsch entsprach, die Theorie nie erstarren, sondern unter allen Umständen offen zu lassen.

Die Tatsache, daß Horkheimer seine Ideen niemals in einem Hauptwerk niederlegte und die Kritische Theorie meistens in der polemischen Auseinandersetzung mit anderen geistigen Strömungen und Positionen formuliert wurde, erleichtert keineswegs die Aufgabe, den Inhalt seiner Lehre dem Leser vorzustellen. Man kann durchaus Alfred Schmidt darin zustimmen, daß die Kritische Theorie eher eine im Hegelschen Sinn „geistige Erfahrung der Wechselfälle dieses Jahrhunderts ist, als daß sie doktrinal, gar ‚weltanschaulich' gekennzeichnet werden könnte" (In: Honneth/Wellmer, 4/89).

I. Leben

1. Das Elternhaus

Horkheimer wurde am 14. Februar 1895 in Zuffenhausen bei Stuttgart als einziger Sohn einer wohlhabenden jüdischen Familie geboren. Sein Vater Moses, Moritz genannt, hatte sich aus eigener Kraft zum reichen Industriellen hochgearbeitet. Er stellte Kunstbaumwolle her, die genau die Nuance hatte, die die Spinnereien und Webereien unmittelbar verwenden konnten. Der Vater war ein konservativer Jude, jedoch keineswegs orthodox eingestellt, politisch nationalliberal gesinnt und hatte den einjährig freiwilligen Militärdienst geleistet. Zu Hause lebte man nach den Regeln des Judentums, war aber zugleich Württemberger und Deutscher.

Moritz Horkheimer erwarb durch seine Wohltätigkeit und durch patriotischen Eifer während des Ersten Weltkrieges in breiten Kreisen gesellschaftliche Anerkennung. 1917 verlieh ihm der König von Bayern als Anerkennung für „wohltätiges Wirken auf den verschiedensten Gebieten der Wohlfahrtspflege" den Titel eines Kommerzienrates. 1918 wurde er Ehrenbürger von Zuffenhausen. Sein Patriotismus ging so weit, daß er sich bis September 1939 weigerte, Deutschland zu verlassen und in die Schweiz zu gehen. Er liebte Deutschland und betrachtete es als seine Heimat. Gerne zitierte er Heine: „Und als ich die deutsche Sprache vernahm, da ward mir seltsam zumute; Ich meinte nicht anders, als ob das Herz recht angenehm verblute." Dazu bemerkt Max Horkheimer: „An Patriotismus, das heißt an gutem Willen für den Staat, dem sie als Bürger angehörten, haben die Juden so wenig wie die Christen es fehlen lassen." (GS 8, 192)

Horkheimers Mutter spielte in seinen Jugendjahren eine große Rolle. Von seiner Mutter lernte er, was Liebe bedeutet.

Abb. 1: Horkheimer 1908

„Meine Mutter" – schrieb er nach vielen Jahren – „war eine ganz besonders liebevolle Frau. Und wenn mir in meinem Leben manches Schöne und Gute begegnete und es vielleicht auch ein bißchen auf meine Lebensweise zurückging, so wahrscheinlich deshalb, weil ich in meinem Elternhaus, teils durch meinen Vater, aber vor allem durch meine Mutter, mimetisch die Liebe lernte. Denn die Liebe, die kann man nicht durch Mitteilungen lernen, sondern nur durch den Glanz der Augen der Mutter, durch ihre Liebe, durch die Art, wie sie spricht." (GS 7, 443)

Im Herbst 1910 verließ der junge Horkheimer als Untersekundaner das Gymnasium, trat als Lehrling in die Fabrik seines Vaters ein und bereitete sich als dessen Nachfolger auf den Beruf des Industriellen vor. Er sollte nach Vaters Wunsch die Fabrik übernehmen. Nach zwei Jahren schickte Vater Horkheimer den siebzehnjährigen Sohn nach England, Frankreich und Belgien, um Englisch und Französisch zu lernen. Kurz vor Ausbruch des Ersten Weltkrieges kehrte Max Horkheimer nach Deutschland zurück, um seine Arbeit im väterlichen Betrieb aufzunehmen.

1911 freundete er sich mit Friedrich Pollock an, der aus einer assimilierten und wohlhabenden jüdischen Familie stammte. Die enge Freundschaft zwischen den beiden dauerte ein ganzes Menschenleben an, bis zu Pollocks Tod im Jahr 1970. Pollock übte in den ersten Phasen dieser Freundschaft einen ziemlich großen Einfluß auf den jungen Horkheimer aus. Er war ihm behilflich, sich von den Zwängen des patriarchalischen Elternhauses zu befreien und sich gegenüber dem omnipotenten Vater zu behaupten. Im Laufe der Zeit veränderte sich das Verhältnis zwischen den beiden: Pollock war Horkheimer jahrzehntelang bedingungslos ergeben und anerkannte die intellektuelle Überlegenheit seines Freundes (Jay, 25). In dem 1911 schriftlich abgeschlossenen Freundschaftsvertrag stehen über Sinn und Ziel ihrer Freundschaft Bezeichnungen wie z. B. „die Schaffung der Solidarität aller Menschen" und „Ausdruck eines kritisch-humanen Elans". Zusammen mit Pollock las Horkheimer die Werke von Zola, Tolstoj, Wedekind, Ibsen und Strindberg.

Als Horkheimer im Ausland war, schloß sich ihm nach kurzer Zeit Pollock an. Frei vom Zwang des elterlichen Hauses konnten sie tun, was sie in Stuttgart nur heimlich unternommen haben: philosophische Texte von Spinoza, Kant und Schopenhauer lesen und diskutieren, gesellschaftliche Probleme gemeinsam besprechen und von einer Insel der Glückseligkeit träumen. Die Philosophie Schopenhauers wird auf sein Werk, besonders in der Spätphase, einen großen Einfluß ausüben. Darüber hinaus gehörten die Zeitschriften *Die Fackel* von Karl Kraus und *Die Aktion* von Franz Pfemfert bis zur Einberufung Horkheimers zum Militär zu seiner ständigen Lektüre. *Die Aktion* vereinigte die parteipolitisch unabhängige Linke und diente als Sprachrohr des Expressionismus. In ihr wurden öfters sowohl philosophische Texte, z. B. von Kant, Schopenhauer, Hegel und Nietzsche, als auch Aufsätze über den Anarchismus, Sozialismus und über Marx veröffentlicht.

2. Der Erste Weltkrieg

Kurz vor Ausbruch des Krieges kehrten beide nach Stuttgart zurück. Pollocks patriotische Einstellung äußerte sich in einer leidenschaftlichen Unterstützung der deutschen Kriegsbemühungen, während Horkheimer von Anfang an ein radikaler Kriegsgegner war. In seinem Nachwort zum Sammelband *Porträts zur deutsch-jüdischen Geistesgeschichte* beschreibt er die Gründe seiner feindlichen Einstellung zum Krieg: „Dann aber kam der Erste Weltkrieg, und ich habe ihn vom ersten Tag an gehaßt ... Ich hatte Paris und London gesehen und konnte nicht glauben, daß die Menschen dort so viel kriegslustiger waren als unser friedliebender Kaiser, so viel schlechter als ich, daß ich nun auf sie schießen sollte. Die Menschen dort hatten ähnliche Ansichten und Sorgen wie bei uns ... Mein Glaube an die Lehren des Vaterhauses über das Deutsche Reich geriet ins Wanken, und ich hatte das Gefühl, daß etwas Furchtbares, etwas nie wieder Gutzumachendes in Europa, ja in der Menschheit sich ereignete. Am schlimmsten schien mir – ohne daß ich es damals hätte formulieren können – daß die historische Aufgabe, gleichsam die Mission der europäischen Völker, insbesondere des deutschen, dem ich angehörte, unrettbar preisgegeben war." (GS 8, 176 f.)

Horkheimer war der Ansicht, daß die vielgerühmten europäischen Kulturstaaten im Grunde genommen nur Raubstaaten sind. Es würde viel von Menschenrechten und Menschenwürde gesprochen, aber in Krisenzeiten werde alles, was an Humanismus und Menschlichkeit erinnert, aufs tiefste mißachtet und ignoriert. Gewalt wird zur göttlichen Fügung und Raub heißt Gerechtigkeit. Die Sieger – so wiederholt Horkheimer Gedanken Nietzsches – werden sich einbilden, eine höhere Kultur zu repräsentieren und die besseren Menschen zu sein, nur weil sie die stärkere Faust besitzen. Sie werden ihr Leben auf Kosten der Besiegten verbessern und bequemer machen, und um diesen Zustand zu sichern, neue Kanonen und Kriegsschiffe bauen. Sie werden ihre Hegemonie genießen, bis ein anderer ihnen den Genuß streitig macht: „... mit diesem andern werden sie aufs neue kämpfen, und so wird Krieg sein bis in alle Ewigkeit, im Leben der Völker wie im Leben des einzelnen; denn Mensch sein, Volk sein ist Genießenwollen, und Genießenwollen bedeutet Krieg." (GS 1, 162 f.)

Die These des jungen Horkheimers: „Wo Menschen sind, wird Krieg sein" erinnert stark an Aristoteles' und Machiavellis Grundpositionen in dieser Sache und steht im Hintergrund seines ausgesprochenen Pazifismus. Horkheimer versteht das Wesen des Menschen als „Gegenteil des Friedens", infolgedessen führe nur ein Weg zum Frieden: ein „Sich-Überwinden", ein „Sich-Verleugnen", ein „Verzichten". Der zwanzigjährige Horkheimer benutzt in dieser Auffassung die Terminologie Nietzsches: „Die höchsten Individuen lösen sich auf, überwinden – erlösen sich im Verzeihen, im Leiden, im Geiste, in der Liebe."

Die Novellen und Tagebücher aus den Jahren 1914–1918, die ursprünglich nicht für eine Publikation bestimmt waren, befassen sich mehrfach mit der Problematik des Krieges. In der Geschichte *Krieg* tauschen Luise und Walter Briefe aus. Während Luise vom Krieg begeistert ist, verdammt Walter, wahrscheinlich mit Horkheimer identisch, den Krieg auf radikale Weise. Horkheimer benutzt dabei in Hülle und Fülle Ausdrücke, die den Krieg von seiner schlimmsten Seite darstellen und disqualifizieren: „Granaten haben Tausende menschlicher Leiber erschlagen, andere sind an ihren Platz gerückt ... Auch die Gegner sterben für ihre gerechte Sache – denn wer stirbt im Glauben, er habe

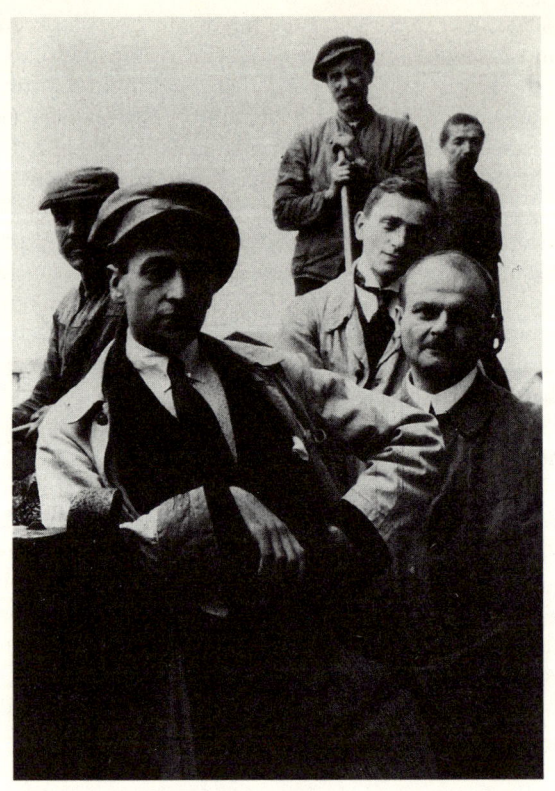

Abb. 2: Horkheimer als Betriebsleiter in Zuffenhausen 1915

Unrecht? Auch bei den Gegnern diskutieren runde Spießbürger die strategische Lage, auch bei den Gegnern geht man in die Kirche, auch bei den Gegnern mordet man, soviel man kann. Der Anlaß ist gleichgültig, jeder will ‚sein Vaterland vom drohenden Verderben retten‘ und kämpft für ‚Freiheit, Ehre, Kultur, Zivilisation‘ und lauter edle Dinge, das heißt, er brennt und mordet, weil er denkt, er sei im Recht.“ (GS 1, 30–31)

Im Herbst 1914 wurde Horkheimer von seinem Vater zum Juniorchef der Fabrik befördert. Da seine Arbeit im väterlichen

Betrieb als kriegswichtig galt, wurde es ihm zunächst erspart, sich am Krieg zu beteiligen. Er wollte jedoch den anderen jungen Männern nichts voraushaben, und als er 1917 zum Militärdienst berufen wurde, verheimlichte er seine Beschäftigung im Betrieb und zog als Soldat in die Armee ein. Er kam allerdings, da er auf Dauer für frontdienstuntauglich befunden wurde, nicht an die Front und leistete Kriegsdienst als Sanitäter.

3. Horkheimer in München. Die Räterepublik

Nach seiner Entlassung aus dem Wehrdienst, einige Wochen vor dem Zusammenbruch des Reiches und der Novemberrevolution 1918, ging Horkheimer nach München, wo er in einem Sanatorium seine angegriffene Gesundheit kurierte. Dort erlebte er die Kapitulation und die einige Monate später ausgerufene Münchner Räterepublik.

Um diese Zeit nahm er Kontakte zur Schwabinger Bohème auf, der bedeutende Persönlichkeiten wie Johannes Becher, Erich Kästner, Ludwig Thoma, Ernst Toller, Erich Mühsam, Frank Wedekind und andere angehörten. Der Aufenthalt in München während der Novemberrevolution und der Räterepublik haben zweifellos Horkheimers Auffassung der Gesellschaft und sein Weltbild in hohem Maße geprägt. War er schon wesentlich früher ein entschiedener Kritiker des kapitalistischen Gesellschaftssystems, so neigte er in seinen Münchner Tagen zum revolutionären Sozialismus, besonders zu seinem radikalen und anarchistischen Flügel, den Mühsam, Toller und Gustav Landauer personifizierten. Horkheimers politische Zuneigung gehörte Rosa Luxemburg, die seiner Ansicht nach den heroischen Kampf gegen Militarismus, Krieg und Despotie symbolisierte. Ihre Kritik der Russischen Revolution und der Auffassungen von Lenin – in erster Linie seine Unterschätzung der Massenbewegung und der revolutionären Spontaneität und seine nachdrückliche Betonung der Rolle der Partei und der Staatsmacht – sowie ihre unbedingte Ablehnung von Mord und Terror übten einen großen und dauernden Einfluß auf Horkheimer aus.

Als die Räterepublik in München niedergeworfen war, wurde Horkheimer in Garmisch-Partenkirchen verhaftet, weil die Polizei ihn für Ernst Toller hielt. Nach einigen Stunden war das Mißverständnis geklärt und er kehrte nach München zurück, wurde jedoch im Zug nochmals in Haft genommen, diesmal von zwei Lützow-Husaren. Kurz darauf entschloß sich Horkheimer, München zu verlassen und nach Frankfurt zu gehen. Horkheimer wurde ohne Grund inhaftiert – er und Pollock sympathisierten zwar mit der Bayerischen Revolution, beteiligten sich jedoch nicht an ihr. Der Arrest in München galt jahrelang als Indiz dafür, daß er während der revolutionären Ereignisse in Deutschland Kommunist und Spartakist war. In Wirklichkeit beweisen die Archiv-Materialien, daß dies nicht zutrifft. Es sei denn, man betrachtet Horkheimers Bereitschaft, Opfern der terroristischen Maßnahmen von seiten der konterrevolutionären Kräfte (wie z. B. der Freikorpsoffiziere, die Gustav Landauer ermordeten) in seiner Wohnung Zuflucht zu bieten, als Beweis seiner kommunistischen Gesinnung.

4. Frankfurt am Main. Studienjahre

In München holte Horkheimer gemeinsam mit Pollock das Abitur nach, und im Frühjahr 1919 begann er dort Philosophie, Psychologie und Nationalökonomie zu studieren. Er setzte sein Studium in Frankfurt fort. In der Finanz- und Handelsstadt Frankfurt wirkte sich die bürgerliche Gleichstellung der Juden günstiger aus als irgendwo anders in Deutschland. Die assimilierten deutschen Juden waren dort in vielen Fällen erfolgreich als Bankiers, Kaufleute, Juristen, Ärzte, Gelehrte und Journalisten tätig. Antisemitismus war, wie alle Zeugen der Zeit übereinstimmend berichten, im Frankfurt der zwanziger Jahre so gut wie unbekannt. Leo Löwenthal erinnerte sich nach Jahren, daß er in Frankfurt bis Ende der zwanziger Jahre kaum etwas erlebt hat, was mit dem Antisemitismus in Verbindung stand. „Wir haben immer mit einem gewissen Humor davon Kenntnis genommen, daß es in Frankfurt ein winziges Hotel gab ... das hatte ein Schild „Juden nicht willkommen" oder „Juden unerwünscht". Dann gab es auch einen kleinen Badeort, Borkum bei Norderney, der für Antisemiten reserviert war." (Loewenthal, 13)

Horkheimers prominenteste Dozenten waren in der Metropole am Main der Neukantianer Hans Cornelius und der Gestaltpsychologe Schumann. Cornelius vertrat eine auf Kant begründete, aber auch von Mach und Avenarius beeinflußte Variante einer Aufklärungsphilosophie, die sich um eine Kritik der metaphysischen Scheinprobleme bemühte. Seine Lehre wäre nur wenigen Fachspezialisten bekannt, hätte Lenin ihm nicht die zweifelhafte Ehre erwiesen, ihn in seinem Werk *Materialismus und Empiriokritizismus* als „Flohknacker" zu bezeichnen. In erster Linie tendierte seine Philosophie in Richtung der Befreiung der menschlichen Erkenntnis von verschiedenen dogmatischen und mystischen Elementen, die „die Klarheit der Erkenntnis trüben und vielmals auch verfälschen". Mit seinem Buch *Psychologie als Erfahrungswissenschaft* (1897) beeinflußte Cornelius nachhaltig die Gestaltpsychologie, die nicht nur in Berlin, Graz und Leipzig, sondern auch in Frankfurt präsent war. Schumann, Wolfgang Köhler, Max Wertheimer und Adhémar Gelb betrieben in Frankfurt ihre Forschungen auf dem Gebiet der Gestaltwahrnehmung, bei denen sie sich um Beweise dafür bemühten, daß die Summe der Relationen zwischen den Elementen psychischer Prozesse nicht identisch ist mit dem Ganzen.

Während Horkheimer sich für Probleme des Lebens und der Gesellschaft interessierte, befaßte sich die Universitätsphilosophie in Frankfurt mit Erkenntnispsychologie. Infolgedessen äußerte sich Cornelius' Einfluß auf Horkheimer mehr auf der Ebene des Persönlichen als der des theoretischen Denkens. So führte Cornelius ihn z. B. privat in die bildende Kunst ein und unternahm zusammen mit ihm eine Reise nach Italien, wo sie viele Museen besuchten. Bei verschiedenen Gelegenheiten erteilte er Horkheimer Kompositionsunterricht. Cornelius interessierte sich für Physik und Chemie und bemühte sich ohne großen Erfolg, Horkheimer davon zu überzeugen, daß man Philosophie nur anhand von Kenntnissen auf dem Gebiet der Künste und der Naturwissenschaften betreiben kann.

Um das geistige Klima zu wechseln, zog Horkheimer Anfang 1921 für zwei Semester nach Freiburg. Cornelius gab ihm einen Empfehlungsbrief mit, der dem philosophischen Anfänger Tür und Tor der Universität Freiburg öffnete, besonders bei Edmund Husserl, mit dem Cornelius jahrelang in guten Beziehungen stand. Horkheimers Vater hatte dem Plan seines Sohnes, Psychologie, Nationalökonomie und Philosophie in Frankfurt zu studieren, zugestimmt, aber als dieser nach Freiburg ging, um dort nur Philosophie zu studieren, machte er sich um ihn große Sorgen. Er bat Husserl um ein persönliches Gespräch, das der Zukunft des Sohnes gewidmet war. Das Gespräch dauerte einige Stunden, und der im Vorzimmer wartende Sohn hatte keine Ahnung, aus welchem Grund die Unterredung so lange dauerte. Als er danach fragte, bekam er vom Vater eine lakonische Antwort: „Du hast Talent zur Philosophie, und außerdem haben wir über Politik gesprochen."

Das Studium in Freiburg lieferte Horkheimer in Hülle und Fülle Beweise dafür, daß zwischen der Frankfurter Universitätsphilosophie und dem Leben eine tiefe Kluft bestand. Nach seiner Rückkehr schrieb er an Rose Riekher in Stuttgart: „Je mehr Philosophie mich gefangennimmt, umso weiter entferne ich mich von dem, was man auf der hiesigen Universität darunter versteht. Nicht formale Erkenntnisgesetze, die im Grunde genommen höchst unwichtig sind, sondern materielle Aussagen über unser Leben und seinen Sinn haben wir zu suchen." (19. 11. 1921, HA)

Die Beziehungen zwischen Max Horkheimer und seinem Vater waren seit Jahren gespannt. Die Gründe dafür lagen auf der Hand: Der Sohn wollte nicht in das väterliche Unternehmen zurückkehren und strebte statt dessen eine akademische Karriere an. Noch wichtiger für die Auseinandersetzung zwischen Vater und Sohn waren die Beziehungen von Max Horkheimer zu Rose Riekher. Als Tochter eines bankrottierten Hoteliers und Christin, dazu acht Jahre älter als Max, war sie für den Vater und die Mutter eine völlig ungeeignete Ehepartnerin des Sohnes. Seit 1916, als er Rose, damals Privatsekretärin seines Vaters, näher kennengelernt hatte, lebte Max in Zwist und Streit mit seinem Vater. Um den Kontakt zu seinen Eltern nicht ganz abzubrechen, lebte Horkheimer zunächst im Konkubinat mit seiner zukünftigen Ehefrau und heiratete sie erst 1926.

Die Frankfurter Zeit im allgemeinen und die Studien in dieser Stadt im besonderen sind „entscheidend für mein Leben geworden", erklärte Horkheimer Gerhard Rein gegenüber in einem Interview kurz vor seinem Tode (GS 7, 447). Da er als Hauptfach Psychologie studierte, hauptsächlich um zu erfahren, was man über den Menschen weiß, wollte er seine Doktorarbeit bei dem oben erwähnten Gestaltpsychologen Schumann schreiben. Ihr Thema sollte sein: *Über Gestaltveränderungen in der farbenblinden Zone um den blinden Fleck des Auges.* Drei Wochen vor Abschluß der Arbeit überraschte ihn Schumann mit der Nachricht, daß ein dänischer Gelehrter vor kurzem einen Artikel veröffentlicht habe, der fast identisch mit seiner Behandlung des Themas sei. Das bedeutete natürlich das Ende dieser Dissertation.

Als Horkheimer überlegte, ob er nicht doch in die Fabrik des Vaters zurückgehen sollte, machte ihm Cornelius den Vorschlag, eine bereits abgeschlossene Seminararbeit *Zur Antinomie der teleologischen Urteilskraft* zu erweitern und als Dissertation einzureichen. Anfang 1923 promovierte Horkheimer mit summa cum laude zum Doktor der Philosophie und nahm gleich danach Cornelius' Vorschlag an, sein Assistent zu werden. Auf diese Weise schlug er den Weg zur akademischen Karriere ein und machte den Plänen des Vaters, ihn in die Stuttgarter Fabrik zurückzubringen, endgültig ein Ende.

1922 hatte Horkheimer in einer philosophischen Seminarveranstaltung Theodor Wiesengrund kennengelernt, der später unter dem Namen seiner Mutter – Adorno – berühmt wurde. Der acht Jahre jüngere, 1903 in Frankfurt geborene Adorno war der Sohn eines erfolgreichen jüdischen Weingroßhändlers und einer begabten Sängerin katholisch-korsischer Abstammung. Adorno studierte ebenfalls Philosophie und Psychologie und zusätzlich noch Musik und Soziologie. 1924 promovierte auch er bei Cornelius mit einer Dissertation über *Die Transzendenz des Dinglichen und Noematischen in Husserls Phänomenologie*. Vor der Promotion besuchte er Horkheimer und Pollock, die damals in Kronberg in der Nähe von Frankfurt wohnten, um sich mit ihrer Hilfe auf das mündliche Examen im Prüfungsfach Psychologie vorzubereiten. Nach seinem Besuch schrieb er seinem Freund Leo Löwenthal: „Um mir den Stoff anzueignen – ich hatte bei Schumann gehört – setzte ich mich hier für 10 Tage nach Kronberg, wo Max Horkheimer und sein Freund Pollock, beides sehr ungewöhnliche Menschen, mich aufs liebevollste aufnahmen und aufs strengste schumannpsychologisch drillten. Beide sind übrigens Kommunisten, und wir hatten langwierige und leidenschaftliche Gespräche über materialistische Geschichtsauffassung, in denen wir uns gegenseitig viel zugestanden." (Löwenthal, 248 f.)

5. Dozent und Professor

1925 habilitierte Horkheimer sich mit einer Arbeit *Über Kants Kritik der Urteilskraft als Bindeglied zwischen theoretischer und praktischer Philosophie*.

Am 2. Mai 1925 hielt Horkheimer an der Frankfurter Universität seine Antrittsvorlesung als Privatdozent. Das Thema lautete: *Kant und Hegel*. Horkheimer ging es hier vor allem darum, in akademischen Kreisen Verständnis für den Übergangsprozeß von Kant zu Hegel zu vermitteln. Vielleicht noch wichtiger – jedenfalls vom biographischen Standpunkt aus – war der Umstand, daß Horkheimer sich mit dieser Problematik deutlich von der erkenntnistheoretischen und gestaltpsychologischen Thematik des Kreises um Cornelius löste.

Die von Horkheimer im Wintersemester 1925/1926 gehaltene Vorlesung über die deutsche idealistische Philosophie hatte sowohl Kant und Hegel wie auch die Übergangsperiode zwischen den beiden Denkern zum Gegenstand und stellte eine Vertiefung der Problematik der Habilitation dar.

Abb. 3: Horkheimer mit Maidon (Rose Riekher, hinten rechts) und
Eltern und Tante (vorn von rechts), 1928

Anfang 1928 erhielt Horkheimer einen Lehrauftrag für Geschichte der neueren Philosophie und befaßte sich in seinen
Vorlesungen in den Jahren 1928–1932 mit Geschichtsphilosophie, Materialismus und Idealismus in der neueren Philosophie, mit englischer und französischer Aufklärung und – was
bei seinem seit 1913 existierenden Interesse am Sozialismus
durchaus verständlich war – mit Hegel und Marx. Die Titel
seiner Vorlesungen aus dieser Zeit reflektieren sein zunehmen-
des Interesse, materiale und soziale Probleme, die ihn seit Jahren beschäftigten, auf einen allgemeinen und philosophischen
Begriff zu bringen.

Cornelius schlug der Universität kurz vor seiner Emeritie-
rung vor, Horkheimer als seinen Lehrstuhl-Nachfolger zu beru-
fen, aber, die Erwartung Cornelius' enttäuschend – erhielt Max
Scheler den Ruf auf den philosophischen Lehrstuhl und – als
Scheler nach einigen Monaten starb – der Existenztheologe
Paul Tillich, dessen religiös gefärbter Sozialismus, den er in vie-

len Werken proklamierte, ihn zu einem berühmten Mann nicht nur in Deutschland gemacht hatte.

Tillich schätzte Horkheimer sehr und war jahrelang mit ihm befreundet. In seiner Erinnerung an Tillich bemerkt Horkheimer, daß er ihm seine Frankfurter Professur zu verdanken habe (GS 7, 277). Horkheimer erhielt damals den eigens für ihn eingerichteten Lehrstuhl für Sozialphilosophie, weil er das Direktorat des Instituts für Sozialforschung, das mit der Universität verbunden war, übernehmen sollte, was nur denkbar war, wenn er auch zugleich Ordinarius würde. Nach der Berufung zum Professor für Sozialphilosophie war dieses Hindernis beseitigt.

Leo Löwenthal erinnert sich in seinem Gespräch mit Helmut Dubiel, daß es schon früh, möglicherweise seit 1926, aber ganz sicher im Jahr 1928, als der Direktor des Instituts Karl Grünberg schwer erkrankte, klar war, daß Max Horkheimer neuer Institutsdirektor werden sollte (Löwenthal, 65). Eigentlich waren die Chancen Horkheimers nicht so groß, wie Löwenthal sie rückblickend einschätzte. 1923 promovierte nämlich Pollock mit einer Arbeit über die Geldtheorie von Karl Marx, 1928 habilitierte er sich mit einer Abhandlung über die planwirtschaftlichen Versuche in der Sowjetunion. Er stand Carl Grünberg, auch als stellvertretender Direktor, sehr nahe. Pollocks Ergebenheit und dessen Zufriedenheit mit der Rolle des Verwalters des Instituts hatte es Horkheimer zu verdanken, daß er und nicht Pollock Direktor des Instituts wurde.

6. Das Institut

Die Vorgeschichte des Instituts für Sozialforschung steht in Verbindung mit der Aktivität einer Gruppe junger Intellektueller, die Anfang der zwanziger Jahre in Frankfurt sich zusammentaten, um das Theoretisieren über den Sozialismus mit politischer Tätigkeit zu vereinen. *Spiritus movens* dieses Kreises war Felix Weil, der Sohn von Hermann Weil, einem wohlhabenden deutsch-jüdischen Getreidehändler. Der Vater ging 1888 nach Argentinien und machte ein Vermögen in der Getreidebranche. Er war Besitzer einer internationalen Firma, die er in kurzer Zeit zum größten Getreidegroßexportunternehmen der Welt ausbaute. 1907 kehrte er nach Deutschland zurück. Während des Krieges unterstützte er die aggressive Annexionspropaganda der deutschen Regierung und den U-Bootkrieg als das entscheidende Mittel zur Erringung des Endsieges. Als Lieferant von Informationen über die Ernährungslage der am Krieg beteiligten Großmächte sowie als Ratgeber in Fragen des Handelskrieges fand er bei prominenten Persönlichkeiten wie General Ludendorff und sogar beim Kaiser Gehör.

Nach dem verlorenen Krieg zog sich Weil aus der Politik zurück und verlagerte seine Interessen auf das Gebiet der Wohltätigkeit. Große Spenden erhielt von ihm die seit 1914 bestehende Frankfurter Universität, die eine Stiftungsuniversität war, d. h. sie wurde gegründet und unterhalten von Stiftungen der wohlhabenden Bürger der Stadt.

Felix Weil promovierte an der Universität Frankfurt mit einer Arbeit über das Problem der Sozialisierung. Im Frühjahr 1922 organisierte er in Ilmenau in Thüringen eine sogenannte „Marxistische Woche". Zu den Teilnehmern dieser Veranstaltung gehörten u. a. Karl Korsch, Georg Lukács, Karl A. Wittfogel, Friedrich Pollock, Franz Borkenau und Richard Sorge. Einige der Anwesenden gehörten später zu den Mitarbeitern des Frankfurter Instituts für Sozialforschung. Einige Wochen nach der Tagung faßte Weil junior den Beschluß, sein sozialistisches Diskussionsforum zu institutionalisieren und ein privatfinanziertes Institut zu gründen. Den marxistischen Charakter des geplanten Instituts hat Felix Weil nicht nur vor der Universität, sondern auch vor seinem Vater, dem Geldspender, geheimgehalten. Im Projekt, das er für seinen Vater entwarf, war nur die Rede von einem Forschungsinstitut, das sich mit der Erforschung der Geschichte der Arbeiterbewegung und vor allem mit dem Problem des Antisemitismus befassen sollte. In einem etwas später verfaßten Manuskript beschreibt er als

Aufgaben dieses Instituts vor allem die Untersuchung der Geschichte und Theorie der Arbeiterbewegung und der Wechselwirkung zwischen dem wirtschaftlichen und dem kulturellen Leben der Gesellschaft sowie die Analyse der Entwicklungstendenzen der modernen Gesellschaft.

Da der designierte Direktor des Instituts, der Staatswissenschaftler Kurt A. Gerlach während der Gründungsverhandlungen an Diabetes starb, wurden Verhandlungen mit dem bekannten Historiker Gustav Mayer, dem Autor der Engels-Biographie, aufgenommen, und nach deren Scheitern wurde Carl Grünberg als erster Institutsdirektor verpflichtet. Grünberg hatte eine ordentliche Professur für Rechts- und Sozialwissenschaften an der Universität Wien inne und war ein ausgezeichneter Kenner der Geschichte der Arbeiterbewegung. Die von ihm herausgegebene Zeitschrift *Archiv für die Geschichte des Sozialismus und der Arbeiterbewegung* war hochangesehen und stand auf hohem wissenschaftlichen Niveau.

Am 22. Juli 1924 wurde das Institutsgebäude mit einer Festrede von Grünberg eingeweiht, in der er den historischen Materialismus als seine Forschungsmethode betrachtete und jeden Zusammenhang von Marxismus und Philosophie oder von historischem und dialektischem Materialismus bestritt. Unter seiner Leitung stand die Nationalökonomie im Zentrum vieler intensiver Forschungen, und außerdem genoß die Geschichte der Arbeiterbewegung hohes Ansehen. Die Philosophie rückte in den Hintergrund, ein Umstand, der das Institut von der damaligen orthodoxen Auslegung der marxistischen Philosophie abschirmte. Grünbergs Institut war das erste in Westeuropa, das sich mit Marxismus befaßte und eine große wissenschaftliche Tätigkeit entwickelte. Abgesehen von vielen Beiträgen der Mitarbeiter des Instituts im *Archiv* erschienen in der Reihe des Instituts als erster Band eine Forschungsarbeit von Henryk Grossmann über das *Akkumulations- und Zusammenbrechungsgesetz des kapitalistischen Systems,* als zweiter Band eine Untersuchung von Friedrich Pollock über *Die planwirtschaftlichen Versuche in der Sowjetunion* und als Band drei Karl August Wittfogels Analyse der chinesischen Agrargesellschaft.

Abb. 4: Horkheimer um 1930

Grünberg konnte jedoch seine Funktion als Direktor nur bis zu seinem Schlaganfall 1927 ausüben.

Zu dieser Zeit war Horkheimer nur Privatdozent, und da eine ordentliche Professur die Voraussetzung für das Direktorat war, mußte er erst genug Publikationen vorweisen, um das Amt antreten zu können. Seine Dissertation und eine größere kritische Rezension von Karl Mannheims *Ideologie und Utopie* im Grünberg-Archiv waren damals im wesentlichen seine gedruckten Arbeiten. Mit seinem Buch über *Anfänge der bürgerlichen Ge-*

schichtsphilosophie war die erforderliche Voraussetzung für den Posten geschaffen, und Horkheimer wurde 1930 ordentlicher Professor und Direktor des Instituts.

Im Januar 1931 hielt Horkheimer seine Antrittsvorlesung. Das Thema lautete: *Die gegenwärtige Lage der Sozialphilosophie und Aufgaben eines Instituts für Sozialforschung.* Voraussetzung für die von ihm repräsentierte philosophische Auffassung der Verbindung von Theorie und Praxis war die enge Zusammenarbeit von Philosophen und von vielen Spezialisten auf dem Gebiet der verschiedenen Sozialwissenschaften, die für das von Horkheimer geführte Institut so charakteristisch war.

Einige Worte über Löwenthal, Marcuse und Fromm, die dem Kernteam angehörten. Löwenthal wurde 1900 in Frankfurt als Sohn eines jüdischen Arztes geboren. Er studierte erst Jurisprudenz in Frankfurt und später Philosophie, Geschichte, Germanistik und Psychologie in Gießen und Heidelberg. 1923 promovierte er in Frankfurt mit einer Arbeit zum Thema *Die Sozialphilosophie Franz von Baaders. Beispiel und Problem einer religiösen Philosophie.* Er bewegte sich in denselben Studentenkreisen wie Horkheimer, Pollock, Adorno, Franz Neumann und Weil. Auch war er im jüdischen Schulwesen tätig, z.B. im Freien Jüdischen Lehrhaus in Frankfurt, in dem Franz Rosenzweig, Martin Buber, der Mentor von Adorno, Siegfried Kracauer, Ernst Simon und Erich Fromm aktiv waren. Seit 1926 gehörte er dem Institut für Sozialforschung an, 1930 wurde er zum Hauptassistenten befördert. Er verfaßte viele Artikel auf dem Gebiet der Literaturkritik, Ästhetik und der jüdischen Religion. Als Herausgeber und Redakteur von Zeitungen und Zeitschriften sammelte er Erfahrungen, die sich für die Vorbereitung und Herausgabe der *Zeitschrift für Sozialforschung,* die an die Stelle von Grünbergs *Archiv* trat, sehr nützlich erwiesen.

Herbert Marcuse, 1898 in Berlin geboren, war der Sohn eines wohlhabenden jüdischen Textilfabrikanten. Er studierte Literatur, Philosophie und Nationalökonomie in Berlin und Freiburg. 1917–1919 war er in der SPD tätig und verließ die Partei nach der Ermordung von K. Liebknecht und R. Luxemburg.

1922 promovierte er in Freiburg i. Br. mit einer Arbeit unter dem Titel *Der deutsche Künstlerroman*. In den folgenden fünf Jahren betrieb er einen kleinen Verlag und ein Buchhandel-Antiquariat in Berlin. 1928 kehrte er nach Freiburg zurück und wurde Heideggers Assistent. Anfang der dreißiger Jahre plante er eine Habilitationsschrift über Hegel *(Hegels Ontologie und die Grundlegung einer Theorie der Geschichtlichkeit)*, verzichtete jedoch auf das Vorhaben, wahrscheinlich weil er einsah, daß Heidegger daran kein Interesse mehr hatte. In diesen Jahren studierte Marcuse intensiv Hegels Werke und Karl Marx' Frühschriften, die damals (1927–1932) in der *Marx-Engels Gesamtausgabe* zum ersten Mal veröffentlicht wurden. 1932 veröffentlichte er einen Kommentar zu den Pariser Manuskripten von Marx, der unter dem Titel *Neue Quellen zur Grundlegung des Historischen Materialismus* eine Analyse dieser Schriften vom Standpunkt der philosophischen Anthropologie und der Einheit von Theorie und Praxis enthält. Durch Vermittlung von Kurt Riesler, des Kurators der Universität Frankfurt, der mit Horkheimer befreundet war, wurde Marcuse Ende 1932 im Institut für Sozialforschung angestellt.

Erich Fromm, 1900 in Frankfurt geboren, wuchs in einer streng jüdisch-religiösen Umwelt auf. In seiner Jugend gehörte er, zusammen mit Löwenthal, dem Kreis um Rabbiner Nobel an. Er war auch Dozent am Freien Jüdischen Lehrhaus. Fromm studierte Soziologie, Psychologie und Philosophie, erst in Frankfurt und später in Heidelberg, wo er mit einer Dissertation über *Das jüdische Gesetz. Ein Beitrag zur Soziologie des Diasporajudentums* den Doktortitel erwarb. Unter dem Einfluß von Frieda Reichmann, seiner späteren Frau, die in Heidelberg ein psychoanalytisches Sanatorium gründete, ließ sich Fromm zum Psychoanalytiker ausbilden. Im Laufe der Zeit wurde er auch Dozent am Frankfurter Psychoanalytischen Institut, und als er sich vom religiösen Judentum löste, unternahm er als einer der ersten in Deutschland den Versuch, die Psychoanalyse mit Marx' revolutionärem und anthropologischem Humanismus in Einklang zu bringen. 1930 wurde er Leiter der sozial-psychologischen Abteilung des Instituts für Sozialforschung und übte mit seiner Symbiose von Marxismus und Psychoanalyse einen dauernden Einfluß auf die Kritische Theorie aus.

Schon im ersten Jahr seines Direktorats wurde Horkheimer mit der Gefahr der Machtübernahme von seiten des Nationalsozialismus konfrontiert. Bei der Reichstagswahl im September 1930 erhielt die NSDAP 107 Mandate und wurde zur zweitstärksten Partei. Am Tage nach den Wahlen fand im Institut eine Besprechung statt, an der außer Horkheimer und Pollock auch Felix Weil und Löwenthal teilnahmen. Horkheimer schlug den Anwesenden vor, sobald wie möglich eine Zweigstelle des Instituts in Genf zu gründen, um das Institut für den Fall, daß die Nazis ans Ruder kämen, ins Ausland zu verlegen und die Emigration vorzubereiten. Darauf wurde beschlossen, mit Albert Thomá, dem Direktor des *Internationalen Arbeitsamtes* beim Völkerbund in Genf, Kontakt aufzunehmen und mit seiner Hilfe die Forschungsstelle einzurichten. Einige Wochen später legte Horkheimer sich eine Wohnung in Genf zu. Später öffnete das Institut Zweigstellen auch in Paris und London. Das Stiftungsvermögen wurde 1931 an eine Gesellschaft im neutralen Holland transferiert. In Frankfurt wurde nur ein Kreditbrief unterhalten, der die Bedürfnisse des Instituts pro Monat abdeckte.

Durch Horkheimers Fähigkeit, mit Menschen umzugehen, und infolge seiner persönlichen Autorität waren die Beziehungen des Instituts mit dem Rektor, dem Kurator und mit führenden Figuren der Universität recht gut. Viele der begabten linken Studenten beteiligten sich an den Veranstaltungen des Instituts, z. B. an Seminaren über Marx und Hegel. Das Institut hatte auch Verbindungen mit der Piscator-Bühne, dem Malik-Verlag und mit der Marx-Engels Verlagsanstalt. Angesichts der intellektuellen und politischen Tätigkeiten der Gruppe um Horkheimer kann nicht verwundern, daß das Institut „Café-Marx" genannt wurde.

Ab 1932 veröffentlichte das Institut die *Zeitschrift für Sozialforschung,* die das *Archiv* ablöste. Für die nächsten zehn Jahre wurde sie zum wichtigsten Diskussions- und Publikationsforum in den europäischen Sozialwissenschaften. Dort sind die wichtigsten Beiträge zur frühen Kritischen Theorie veröffentlicht. Der erste Jahrgang erschien bei C. L. Hirschfeld in Leipzig, nach Hitlers Machtergreifung wurde sie bis zur deutschen Besetzung weiterhin in deutscher Sprache von Felix Alcan in Paris publiziert; die zwei letzten Jahrgänge (1940–1941) erschienen in englischer Sprache in New York. Die *Zeitschrift* gehörte zum Typ von Karl Kraus' *Fackel*, d. h. sie wurde nicht von einem Mann herausgegeben, sondern von einer Gruppe, die miteinander arbeitete. Das letzte und entscheidende Wort hatte Horkheimer, obgleich Löwenthal dank seiner großen Erfahrung die Funktion eines Leitenden Redakteurs ausübte. Im Gegensatz zu vielen anderen Fachzeitschriften hatte die *Zeitschrift* ein einheitliches Programm, ohne daß aus diesem Grund die spezifischen Interessen der Mitarbeiter oder die Wissenschaftlichkeit des Unternehmens zu kurz gekommen wären. Vor dem Druck wurde jeder Aufsatz mit anderen Institutsmitgliedern umfassend diskutiert und wurde auf diese Weise zu einer Kollektivarbeit, ohne seinen individuellen Charakter zu verlieren.

In seinem Vorwort zum ersten Heft proklamierte Horkheimer die Grundprinzipien der Thematik der *Zeitschrift:* Übergang von Sozialphilosophie zur Sozialforschung; Erkenntnis des gesamtgesellschaftlichen Verlaufs; Einbeziehung verschiedener Faktoren, die für das Zusammenleben der Menschen bestimmend sind, seien sie ökonomischer, psychischer oder sozialer Natur; Akzentuierung der Bedeutung der Sozialpsychologie für die Lösung der Frage des Zusammenhangs der verschiedenen Kulturgebiete; Ausarbeitung einer „Theorie des historischen Verlaufs der gegenwärtigen Epoche"; besondere Bedeutung der Philosophie für die Bestimmung der Theorie, bei gleichzeitiger Einsicht, daß die philosophische Auswertung der empirischen Daten häufig einen temporären und hypothetischen Charakter habe und infolgedessen die Sozialforschung auf Distanz gehen müsse zu einer Philosophie, die auf Letztbegründung beharrt (ZfS 1, I–IV).

7. Die Emigration

Am 30. Januar 1933, dem Tag der Ernennung von Hitler zum Reichskanzler, wurde Horkheimers Haus in Kronberg von der SA besetzt. Einige Tage früher war Horkheimer mit seiner Frau in ein Hotel in der Nähe des Frankfurter Hauptbahnhofs gezogen, und nach kurzer Zeit verließ er Deutschland, um sich in seiner Genfer Wohnung einzurichten. Am 13. März, knapp zwei Wochen nach der Abreise von Löwenthal, der als letzter der wissenschaftlichen Mitarbeiter Frankfurt verlassen hatte, wurde das Institut von der Polizei durchsucht und wegen „staatsfeindlicher Bestrebungen" geschlossen.

Da die Schweizer Polizei jüdische Emigranten aus Deutschland schikanierte und nur Horkheimer eine unbegrenzte Aufenthaltsgenehmigung erhielt, während andere Mitglieder des Instituts – Pollock, Marcuse, Löwenthal – nur ein Touristenvisum bekamen, das sie alle paar Wochen erneuern mußten, konkretisierte sich bei ihnen immer mehr die Idee, nach Amerika zu emigrieren.

Mittlerweile erschien bei Hirschfeld mit Verspätung das erste Heft des zweiten Jahrgangs der *Zeitschrift* (Mai 1933). Bald danach teilte der Verleger Horkheimer mit, er sei gezwungen, die Publikation der *Zeitschrift* einzustellen. Darauf übernahm die Pariser Zweigstelle mit dem Soziologen Paul Honigsheim als Leiter die Kontakte zum Verlag Felix Alcan. 1933–1934 befaßte sich das Institut über seine Zweigstellen in Genf, Paris und London mit einer groß angelegten empirischen Untersuchung über Autorität und Familie.

Dieses wissenschaftliche Projekt stellte in gewisser Hinsicht eine Fortsetzung der Frankfurter Untersuchung über qualifizierte Arbeiter und Angestellte in Deutschland dar (1930–1932), die von Horkheimer in seiner Antrittsrede als eines der zentralen Unternehmen des Instituts proklamiert worden war. In Frankfurt ergab sich das folgende Bild: In der politischen Orientierung waren bei 584 ausgewerteten Fragebögen 253 der Befragten links und 97 rechts eingestellt. Auf der Ebene des Verhältnisses zu Autorität kehrte sich diese Proportion jedoch völlig um: nur 112 Befragte zeigten eine kritische, 288 dagegen eine affirmative und unterwürfige Autoritätsauffassung. Es stellte sich also heraus, daß eine frappante Inkonsistenz bestand zwischen politischer Orientierung und Charakterstruktur: Eine beträchtliche Anzahl der Befragten neigten zu einer radikal- oder mäßig-linken Politik, waren jedoch ihren latenten Bedürfnissen nach autoritätssüchtig. Dieser Typus von Mensch war hochgradig faschismusanfällig. In der Emigration bewies die Erhebung, daß die Autorität der Eltern im allgemeinen ab- und die Selbständigkeit der Kinder zunahm. Die Gründe dafür lagen auf der Hand: die Arbeitslosigkeit, die zunehmende Beschäftigung der Jugend und die seit Jahren andauernde Abnahme der Beschäftigung von Arbeitern im fortgeschrittenen Alter, der Erste Weltkrieg und seine Folgen, der Rückgang der Moral. Unter anderem stellte sich auch heraus, daß in vielen Arbeiterfamilien typisch kleinbürgerliche Charakterstrukturen vorhanden waren, was mit den Resultaten der deutschen Erhebung durchaus kongruierte.

8. Horkheimer in Amerika

Die Übersiedlung des Instituts von Genf nach New York fand 1934 statt. Horkheimer schickte dorthin Julian Gumperz voraus – einen Mitarbeiter von Fromm, der in Amerika geboren war, die amerikanische Staatsbürgerschaft besaß und gute Sprachkenntnisse im Englischen hatte – um die Chancen der Etablierung des Instituts in den Vereinigten Staaten zu prüfen. Auch Erich Fromm war in den USA anwesend, und zwar als Gastdozent am Psychoanalytischen Institut in Chicago. Beide waren überzeugt, daß das Institut in Amerika imstande sein würde die wissenschaftliche Tätigkeit fortzusetzen. Als erster fuhr Horkheimer mit seiner Frau an Bord der S.S. George Washington in die USA, um an Ort und Stelle zu entscheiden, ob das Kernteam des Instituts nach Amerika emigrieren sollte. In New York nahm er, nicht ohne Zögern, das großzügige An-

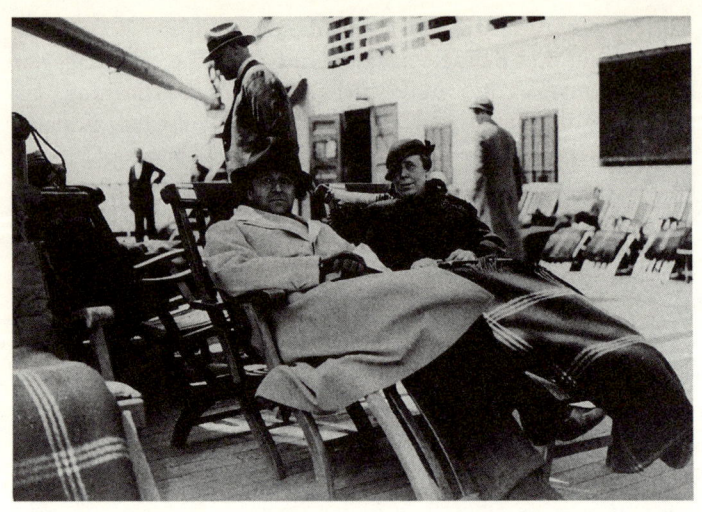

Abb. 5: Emigration nach Amerika, 1934

gebot des Präsidenten der Columbia University, Nicolas
M. Butler, an, das Institut im Haus Nr. 429 in der 117. Straße
West, das der Universität gehörte, unterzubringen. Bald da-
nach kamen auch Marcuse und Löwenthal nach New York.
Adorno befand sich zu dieser Zeit am Merton College in
Oxford, um dort den englischen Doktortitel in Philosophie
zu erwerben, und emigrierte relativ spät, im Februar 1938,
nach Amerika.

Die Übersiedlung nach New York wurde ohne besondere
Schwierigkeiten arrangiert, da der Löwenanteil des Stiftungska-
pitals noch vorhanden war. Die *Zeitschrift* erschien noch einige
Jahre in Paris. Sobald sich das Institut auf dem Campus der Columbia University eingerichtet hatte, begann man ab 1936 Semi-
narveranstaltungen und auch Vorlesungen zu halten.

Bald stellte sich heraus, daß Horkheimers Entscheidung für
eine Angliederung des Instituts an die Columbia University
richtig war. Die renommierte Universität, die zu den besten in
den Vereinigten Staaten gehört, war im wesentlichen tolerant

zu linken Emigranten und in vielen Fällen bereit, der Gruppe um Horkheimer zu helfen.

Eines der rühmlichsten Kapitel der Tätigkeit von Horkheimer in New York bildete die finanzielle Unterstützung von deutsch-jüdischen Akademikern. Über 200 Personen erhielten eine materielle Unterstützung, die insgesamt in der Höhe von $ 200000 lag. Vielen Forschern jüdischer Abstammung wurden nach Deutschland Affidavits geschickt, um sie nach Amerika zu bringen und ihnen auf diese Weise das Leben zu retten.

In den Vereinigten Staaten veröffentlichte Horkheimer seine besten Aufsätze und Bücher. 1936 erschien in der *Zeitschrift* der Aufsatz *Egoismus und Freiheitsbewegung. Zur Anthropologie des bürgerlichen Zeitalters.* Ein Jahr später wurde die programmatische Arbeit *Traditionelle und kritische Theorie* veröffentlicht. 1944 erschien die zusammen mit Adorno verfaßte *Dialektik der Aufklärung* und 1947 *Eclipse of Reason*.

In einem Gespräch mit Habermas erzählte Herbert Marcuse über die Zusammenarbeit der Mitglieder des Instituts im Gebäude der Columbia University: Die Probleme und die Auswahl von Artikeln für die *Zeitschrift* wurden in Horkheimers Büro diskutiert. Es beteiligten sich Horkheimer, Pollock, Löwenthal, später kamen dazu Adorno und er, d. h. Marcuse. Das war, laut Löwenthals Bezeichnung, der „harte Kern" des Instituts. Es bestand eine tiefe Kluft zwischen dieser Gruppe und den anderen, zu denen Neumann, Kirchheimer, Grossmann und die anderen gehörten (1939 trennte sich Fromm infolge Meinungsverschiedenheiten vom Institut und verzichtete gegen eine Abfindung von sage und schreibe $ 20000 – ein *full professor* verdiente damals zirka $ 300 im Monat – auf seinen Anstellungsvertrag). Es wurden Seminare organisiert, an denen auch Externe teilnehmen konnten. Manuskripte von Aufsätzen wurden Löwenthal vorgelegt, dann gingen sie zu Horkheimer und wurden dann nochmals diskutiert.

Horkheimer, Löwenthal, Marcuse und Fromm bestätigten in Interviews, daß der Diskussionsprozeß, je nach Text, mehr oder weniger intensiv gewesen sei. Manche Aufsätze wurden pauschal kritisiert, andere nur in Teilen. Eine sehr lebendige

Diskussion gab es bei den Texten, deren Inhalt prekär war für die politische Außendarstellung des Instituts (vgl. Dubiel, 196). Habermas' Frage: „Hat sich das Institut jemals, sagen wir, lokalisiert im Verhältnis zu stärker politisch organisierten Gruppen der Emigration?", beantwortete Marcuse auf folgende Art: „Das war streng untersagt. Horkheimer hat von Anfang an darauf bestanden, daß wir Gäste der Columbia University sind, Philosophen und Wissenschaftler. Irgendeine organisatorische Bindung konnte die prekäre administrative Grundlage des Instituts erschüttern." (Habermas u. a., *Gespräche*, 18 f.)

Es war nicht nur empfohlen, sich mit politischen Gruppierungen nicht zu affiliieren, sondern sogar der Gebrauch von marxistischer Terminologie, die in der Vergangenheit einen charakteristischen Zug der Frankfurter Schule gebildet hatte, war untersagt. Wie aus Horkheimers Korrespondenz mit Pollock und Adorno hervorgeht, war er aus strategischen Gründen nicht daran interessiert, Ausdrücke wie Klassenkampf, kapitalistische Gesellschaftsordnung, Kapitalismus, Marxismus zu benützen und schlug vor, sie durch Termini zu ersetzen, die in der amerikanischen Soziologie verwendet wurden, wie z. B. Konflikt, moderne industrielle Gesellschaft, Sozialismus etc. In diesem Zusammenhang möchte ich einen Abschnitt des Briefes von Horkheimer an Adorno anführen: „Anläßlich des Vortrages im Institute of Sociology bitte ich Sie, äußerst szientifisch zu reden und ja kein Wort zu sagen, das politisch ausgelegt werden könnte. Auch Ausdrücke wie ‚materialistisch' sind zu vermeiden ... Es darf jedenfalls nicht passieren, daß Ihr Vortrag die Vorstellung erweckt, die Anwürfe gegen das Institut wegen seines Materialismus seien etwa berechtigt." (Horkheimer an Adorno, 24. 12. 1937, HA)

Nach dem Ausbruch des Krieges verschlechterte sich die finanzielle Situation des Instituts wesentlich. Das Stiftungsvermögen, das früher so angelegt war, daß es jährlich ca. $ 75000–90000 Zinsen einbrachte, wurde angegriffen und schrumpfte mehr und mehr zusammen. Nicht wenig Schuld trug in dieser Sache Pollock, der mit seinem Ankauf von Aktien wenig Glück hatte und eine unglückliche Bodentransaktion durchführte, die

Abb. 6: Mitglieder des Instituts für Sozialforschung zum Dinner bei Ciro's in Hollywood. Horkheimer und Frau. Felix Weil mit Frau (Sponsor des Instituts), Friedrich Pollock (von links)

das Institutskapital um eine beträchtliche Summe verminderte. Auch die großzügige Verteilung von erheblichen Beträgen an Flüchtlinge spielte in dieser Sache eine wichtige Rolle. Einige Mitglieder des Instituts waren gezwungen, als Neben- oder sogar Hauptberuf Stellen in staatlichen Institutionen zu übernehmen. Pollock war als Berater des Justizministeriums angestellt, Franz Neumann war Leiter einer Sektion der Anti-Trust Abteilung in demselben Ministerium, Löwenthal arbeitete als Berater des *Office of War Information* in der Radio-Abteilung und später für das *Bureau of Overseas Intelligence,* Marcuse hatte zuerst eine Gastdozentur am Barnard College inne und war später Berater im *Office of Strategic Services,* wo auch Neumann (der früher Hauptberater des *Board of Economic Warfare* war) und Kirchheimer einige Zeit angestellt waren. Nur Horkheimer und Adorno übten keine zusätzlichen Funktionen aus (letzterer arbeitete zuvor am *Radio Research Project* in Princeton und an der Columbia University) und konnten ihre Zeit vollkommen der Forschung widmen.

Horkheimers Rheumakrankheit, Herz- und Kreislaufbeschwerden veranlaßten ihn, im April 1941 New York zu verlassen und in Pacific Palisades, in der Nähe von Santa Monica und nicht weit von Hollywood, einen Bungalow zu beziehen. Seine nächsten Nachbarn waren zwei weltberühmte deutsche Emigranten: Thomas Mann und Lion Feuchtwanger. In New York blieben als Leiter des Instituts Pollock und Löwenthal und als Institutsmitglieder Weil, Kirchheimer, Marcuse, Adorno. Im Laufe der Zeit folgten die beiden letzteren Horkheimer nach Kalifornien, aber Marcuse wurde von Pollock und Horkheimer unter finanziellen Druck gesetzt und war gezwungen, die Rückreise nach New York anzutreten, um in Washington einen Posten im *Office of Strategic Services* zu übernehmen.

Als Horkheimer in Los Angeles ankam, erreichte die Verfolgung der deutschen Juden durch die Nazis einen neuen Höhepunkt. Das Tragen des Davidsterns wurde für Juden zur Pflicht gemacht. Im Horkheimer-Archiv befindet sich ein Ausschnitt aus der deutsch-jüdischen Zeitung *Aufbau* mit der Photographie eines Berliner Juden, der den Judenstern trägt. Der Text unter dieser Photographie lautet: „Der Hohe Orden. Ein Berliner Jude mit dem ihm von den Nazis angehefteten Davidstern. Der deutsche Zensor hat sich nicht geschämt, dieses Bild als Propaganda in die Welt zu schicken. Gemeinheit und Dummheit sind eben fast immer Geschwister."

In einem anderen Ausschnitt aus derselben Zeitung, bereits nach dem Überfall auf die Sowjetunion durch die deutschen Streitkräfte, berichtet ein schwedischer Journalist aus Berlin, daß über 5000 am Leben gebliebene Berliner Juden in Güterwaggons nach Polen transportiert wurden, um dort im Lager Rokitno schwere Arbeiten zu verrichten. U. a. lesen wir in diesem Ausschnitt: „Die Austreibungen, bei denen die Betreffenden nur ein kleines Köfferchen und etwa 100 Mark mitnehmen konnten, standen unter der Leitung des berüchtigten Gestapo-Agenten Eichmann, der bekanntlich aus der deutschen Templer-Kolonie Sarona in Palästina stammt." (In Wirklichkeit ist

Eichmann in Solingen geboren und besuchte Palästina nur für kurze Zeit, Z.R.). Noch schlimmer waren die Nachrichten aus den besetzten sowjetischen Gebieten. Das ukrainische Pro-Nazi-Blatt *Krakowski Wiesti*, das in Krakau erschien, berichtete, daß nach der deutschen Eroberung von Kiew die dort wohnenden 150 000 Juden aus der Stadt vertrieben wurden und ihr Schicksal unbekannt sei. „Kiew ist judenfrei", jubelt das ukrainische Blatt. Alles das bedeutete nur eins: In den besetzten Gebieten begann der Massenmord. Am Rande des Zeitungsausschnittes schrieb Horkheimer an Adorno die folgenden Worte: „Teddy, did you see it?"

Als der Krieg ausbrach und die Verfolgung der Juden von Tag zu Tag schlimmer wurde und die Welt in aller Ruhe – mit wenigen Ausnahmen – zusah, wie Hitler mit seiner Anfang 1939 proklamierten Vernichtung der jüdischen Rasse Ernst machte, faßte Horkheimer den Entschluß, im Rahmen des Instituts eine wissenschaftliche Untersuchung über den Antisemitismus bzw. den Nationalsozialismus durchzuführen. Um dieses Projekt zu realisieren, bemühte sich Horkheimer jahrelang vergebens um finanzielle Mittel. Erst 1943 entschied sich das American Jewish Committee (AJC), das Antisemitismus-Projekt zu finanzieren. An der Untersuchung beteiligten sich mehrere Mitglieder des Instituts. Horkheimer engagierte auch eine Gruppe von Psychoanalytikern: R. Nevitt Sanford, E. Frenkel-Brunswik und D. J. Levinson. Das Forschungsprojekt wurde an der Westküste (Bay Area: San Francisco und Berkeley, und in Los Angeles) und in New York durchgeführt. Behandelt wurden die folgenden Themen: Psychologie des Antisemitismus, die Analyse der Artikel und Reden antisemitischer Redner, experimentelle psychologische Untersuchungen der antisemitischen Persönlichkeit, Konstruktion einer Skala zur Messung von antisemitischen Meinungen. 1944 entschloß sich das AJC, die Finanzierung des Projekts fortzusetzen und eine wissenschaftliche Abteilung mit Horkheimer als Leiter zu gründen. Ende Oktober 1944 kehrte Horkheimer für einige Monate nach New York zurück, um die Arbeiten der verschiedenen Teams zu koordinieren – was er auch schon von Kalifornien aus getan hatte. Auch 1945 konnte er über einen längeren Zeitraum hinweg in New York sein. Samuel H. Flowerman, ein Mitarbeiter Horkheimers in dem Scientific Department des AJC, wurde zuerst, während der Abwesenheit von Horkheimer, stellvertretender Leiter der Abteilung und löste später Horkheimer in der Funktion des Abteilungsleiters ab. Horkheimer und Flowerman waren die Herausgeber der *Studies of Prejudice,* die 1949–1950 veröffentlicht wurden und aus fünf Bänden bestanden:

1. Adorno, Frenkel-Brunswik, Levinson, Sanford: *The Authoritarian Personality;* 2. Bettelheim, Janowitz: *Dynamics of Prejudice. A Psychological and Sociological Study of Veterans;* 3. Ackerman, Jahoda: *Anti-Semitism and Emotional Disorder. A Psychological Interpretation.* 4. Massing: *Rehearsal for Destruction. A Study of Political Anti-Semitism in Imperial Germany.* 5. Löwenthal, Guterman: *Prophets of Deceit. A Study of the Techniques of the American Agitator.*

Zu gleicher Zeit arbeitete Horkheimer zusammen mit Adorno und teilweise auch Löwenthal an einer Einleitung zur Theorie der Gesellschaft und der Geschichte im Lichte der Erfahrungen des 20. Jahrhunderts: zwei Weltkriege, das kommunistische Gesellschaftssystem in der Sowjetunion und der Stalinismus, der sich ausbreitende Antisemitismus, die nationalsozialistische Herrschaft. Aus diesem Versuch der Gründung einer umfassenden, systematischen Theorie, die „aus objektiven wie subjektiven Gründen" scheiterte (so Horkheimer und Adorno), entstand das wichtigste Werk der Kritischen Theorie und eines der wichtigsten der ersten Hälfte unseres Jahrhunderts: Die *Dialektik der Aufklärung.* Das Buch wurde in den Jahren 1940–1944 in deutscher Sprache verfaßt und erschien 1944, anläßlich des 50. Geburtstages von Friedrich Pollock, in einer hektographierten Ausgabe des Instituts in einer Auflage von 500 Exemplaren. Im Druck erschien das Buch 1947 im Verlag *Querido* in Amsterdam.

Während seines längeren Aufenthaltes in New York im Jahr 1944 hielt Horkheimer Vorlesungen an der Columbia University unter dem Titel: *Society and Reason.* Das war die Grundlage für sein 1947 in New York veröffentlichtes Buch *Eclipse of*

Reason, das zwanzig Jahre später auf deutsch im S.Fischer Verlag unter dem Titel *Kritik der instrumentellen Vernunft* erschien.

Der Krieg gegen das nationalsozialistische Deutschland ging seinem Ende zu. Am 15. Juli 1944 schrieb Horkheimer in einem Brief an Herbert Marcuse: „In diesem Jahr feiern wir Deinen Geburtstag in einer Situation, in der es klar ist, daß dem Feind der Menschheit das Genick gebrochen ist ... Schade, daß unser Triumph verderbt ist für immer durch Foltern, Verzweiflung und Tod, die viele von uns gepackt haben und von denen wir uns nicht losmachen können." (HA) Auch Adorno mußte am Vortag der deutschen Kapitulation zugeben, daß der so lange ersehnte Sturz des Nationalsozialismus ihm kaum noch Freude machte (Brief von Adorno an Horkheimer, 2.5. 1945, HA). Am 9. Mai, als die deutsche Führung das Kapitulationsdokument der Alliierten unterschrieb, schickte Adorno einen Brief an Horkheimer, in dem er seine Meinung äußerte, daß man, trotz allem, sich freuen sollte, weil in der Epoche von Katastrophen „jede Atempause das Glück vorstellt" und weil die Welt sich von dem Entsetzen befreit habe, das Hitler und Himmler personifizierten.

Trotz des Sieges der Alliierten und der Niederlage des Nationalsozialismus dominierte in der Kritischen Theorie ein radikaler Pessimismus, der seinen Ausdruck in der *Dialektik der Aufklärung* und in Horkheimers *Eclipse of Reason* fand. Ausdrücke wie „dunkle Zukunftsperspektive", „Entmenschlichung", „Hoffnungslosigkeit", „Unterjochung des Menschen", „Niedergang des Individuums" findet man in *Eclipse of Reason* auf Schritt und Tritt. Horkheimer schrieb in einer Notiz für eine Rede in der Amerikanischen Psychoanalytischen Gesellschaft im Juni 1945, einen Monat nach dem Kriege gegen Deutschland, während der Krieg gegen Japan noch dauerte: „Es gibt heutzutage kein Phänomen, das mehr konkret wäre als der Terror, dessen Hauptopfer die Juden sind." (Notes for a Speech in the Psychoanalytical Society, 8.6. 45, HA)

Die *Dialektik der Aufklärung* erschien, wie erwähnt, 1944 in deutscher Sprache. *Eclipse of Reason* wurde in englischer Sprache veröffentlicht, blieb aber in Amerika so gut wie unbekannt. Das Institut wurde während des Krieges auf ein notwendiges Minimum reduziert. 1944 hatte das Institut, oder was vom Institut übrigblieb, die Gebäude in der 117. Straße West geräumt und übernahm einige Bürozimmer in einem Gebäude am Morningside Drive. Der Plan Horkheimers, Anschluß an eine Universität in Los Angeles oder in der Nähe dieser Stadt zu finden, hatte keinen Erfolg. 1946 schlug die Columbia University Horkheimer vor, die eingeschlafenen Beziehungen zu verstärken, aber er war an der Rückkehr nach New York, auch aus gesundheitlichen Gründen, nicht interessiert. Bis 1949 war Horkheimer vollkommen mit dem Antisemitismus-Projekt beschäftigt. Die Publikation der *Studies in Prejudice* erwies sich als großer Erfolg, und das zu diesem Zeitpunkt kaum zur Kenntnis genommene Institut wurde über Nacht berühmt.

9. Rückkehr nach Deutschland

Horkheimer verfolgte in den Nachkriegsjahren sorgfältig die politische und intellektuelle Entwicklung in Deutschland. Bereits 1946 besuchte Franz Neumann, der damals für das *State Department* arbeitete, Europa und beschrieb in einem seiner Briefe seine Eindrücke aus Deutschland: Deutschland sei heute schlimmer als 1945. Man habe das Gefühl der Hoffnungslosigkeit und totaler intellektueller und politischer Stagnation. „1945 konnte man noch annehmen, daß vielleicht etwas Neues wachsen würde – 1946 findet man nur noch Altes, das sehr vermodert ist." (Neumann an Horkheimer, 31.10.46, HA) Genau zu dieser Zeit sandte der Vorsitzende des Kuratoriums der Universität Frankfurt, Klingelhöfer, eine Einladung an das Institut für Sozialforschung, nach Frankfurt zurückzukehren und das Institut dort aufs neue zu etablieren.

Aufgrund dieser Einladung fuhr Horkheimer 1948 nach Deutschland, nachdem die Rockefeller Foundation die Kosten einer Gastprofessur in Frankfurt übernommen hatte. Horkheimers Situation im Nachkriegsdeutschland war durchaus

Abb. 7: Horkheimer, Frankfurt 1948 (Foto Ilse Mayer)

kompliziert und mit nicht wenigen Schwierigkeiten verbunden. Einerseits war er von Natur aus ziemlich mißtrauisch, andererseits beschäftigte er sich jahrelang mit Themen, die im engen Zusammenhang mit Nationalsozialismus und Antisemitismus standen. Deswegen verwundert es nicht, wenn er, z. B. während seines Besuches in Frankfurt, den Eindruck hatte, daß die Professoren, die wichtige Posten bekleideten, im Grunde genommen verkappte Nazis waren. In einem Brief an seine Frau schrieb er: „Mich haben der Rektor, die beiden Dekane (der Philosophie und der Sozialwissenschaften, Z.R.) und andere süß, aalglatt und verlogen, ehrenvoll begrüßt. Sie wissen noch nicht

genau, sollen sie in mir einen relativ einflußreichen Amerika-
reisenden oder den Bruder ihrer Opfer sehen, dessen Gedanke
die Erinnerung ist. Sie müssen sich fürs letztere entscheiden."
(Horkheimer an seine Frau Rose-Maidon, 26.5. 1948, HA) Im
selben Brief äußert er seine Meinung, daß man den Krieg
wesentlich früher hätte beenden können, wenn es gelungen
wäre, das deutsche Transportsystem schon 1943/44 lahmzule-
gen und die Nazis zu hindern, „ihre Blutarbeit der letzten zwei
Jahre" zu verrichten. Aus dem Brief geht eindeutig hervor, daß
Horkheimer während seines ersten Besuches in Deutschland
nach dem Krieg nicht imstande war, sich von der Erinnerung
an den Holocaust zu lösen.

Trotzdem forderte er energisch die Neugründung der Gesellschaft für Sozialforschung und die Restitution des Instituts. Zu
diesem Zweck initiierte er die Gründung eines Komitees zur
Wiedererrichtung des Instituts für Sozialforschung in Frankfurt. Seine Eindrücke nach der Deutschlandreise faßte er in einem Brief an Franz Neumann zusammen: „Das widerspruchs-
volle Gefühl, mit dem man Deutschland verläßt, wird Ihnen oh-
nehin genug vertraut sein. Gerade weil, bei aller äußeren Zu-
gänglichkeit, die Masse der Deutschen unansprechbarer und
böser zu sein scheint als selbst unter dem Dritten Reich, haben
wir noch eine tiefere Beziehung zu denen, die Widerstand leisten. Der Wunsch, mit ihnen zusammen der neuen faschistischen Verhärtung Trotz zu bieten, ist stark, auch wenn die Aus-
sichten auf Erfolg gering sind. Die Verlockung am Kampf teil-
zunehmen, ist groß." (Brief vom 17.9. 1948, HA)

Seine Meinung über den Rektor der Universität Frankfurt,
den er während seines Besuches 1948 in Frankfurt kennengelernt hatte, äußert Horkheimer in einem Brief an seine Frau:
„Hallstein, der letztjährige Rektor der Frankfurter Universität,
der jetzt Gastprofessor in Washington ist, kam auf unsere Einladung nach New York. Er ist ein schlauer, skrupelloser, ans Hit-
lerregime gemahnender Mann, wie alle Deutschen in höheren
Stellungen … Hallstein war recht vergnügt; Vergessen und kal-
ter Betrug ist das geistige Klima, das den Erben der Nazis am
besten anschlägt, und sie finden, die Welt ist eine Luftkur …

Aber was ist das für ein Reich der Kunst und Wissenschaft, dessen Symbol der Bund von Hall- und Mannstein ist, vier Jahre nach dem großen Sterben?" (Brief an Maidon Horkheimer, 9. 5. 1949, HA).

Es fiel Horkheimer (und auch den anderen: Adorno, Pollock und Weil, die mit ihm mitkamen) nicht leicht, nach Deutschland zurückzukehren. Fünfzehn Jahre lebte er in den Vereinigten Staaten und wurde zum amerikanischen Staatsbürger. Amerika hat ihm sein Leben gerettet, und er behielt diese Tatsache immer in seinem Gedächtnis. Horkheimer entschied sich, nach Deutschland zu gehen in der Hoffnung, daß er seine Hauptaufgabe als deutsch-jüdischer Intellektueller, der dem Märtyrertod unter Hitler entronnen war, daran mitzuwirken, daß das Entsetzliche nicht wiederkehrt und nicht vergessen wird, mit Erfolg realisieren würde (GS 6, 417). Er, der von sich selbst behauptete, das Dritte Reich sei ihm zu jeder wachen Stunde seines dem Faschismus entkommenen Lebens gegenwärtig und daß er nur zufällig den nationalsozialistischen Henkern entkommen sei, lebte bis zu seinem Tod in dem Bewußtsein, daß die Gaskammern der Konzentrationslager eigentlich sein Schicksal gewesen wären. Zugleich bemühte er sich, seine amerikanische Staatsbürgerschaft nicht zu verlieren, und tatsächlich unterschrieb Präsident Truman im Juli 1952 ein besonderes Gesetz, das Horkheimer die Erhaltung seiner Staatsangehörigkeit garantierte, trotz seines ständigen Aufenthaltes in Deutschland. Andere Mitglieder des Instituts, wie Marcuse, Löwenthal, Neumann, Wittfogel und Kirchheimer, blieben in Amerika und bekleideten dort Professuren an verschiedenen Universitäten.

1950 kehrte Horkheimer nach Frankfurt zurück. Die finanziellen Mittel für die Wiedererrichtung des Instituts flossen aus den Kassen des Hohen Kommissars der amerikanischen Verwaltung, der Stadt Frankfurt, der Gesellschaft des Instituts für Sozialforschung und aus Taschen privater Sponsoren. Am 14. November 1951 wurde das neue Institutsgebäude in der Senckenberganlage feierlich eröffnet. Gemäß dem, was er nach dem ersten Besuch im Nachkriegsdeutschland an Neumann geschrieben hatte, erklärte Horkheimer später, die Wiedererrichtung des Instituts sei nicht aufzufassen als Annahme einer Wiedergutmachung, denn nichts war imstande wiedergutzumachen, was das verbrecherische nationalsozialistische System Deutschlands den Juden getan hatte. Die Rückkehr des Instituts war als Geste gemeint, die all jene Deutschen ehren sollte, die Widerstand gegen Hitler geleistet hatten, indem sie Juden halfen.

10. Horkheimers Aktivität im Nachkriegsdeutschland

Während der ersten Jahre nach seiner Rückkehr war Horkheimer mit Verwaltungssachen im Institut und mit akademischen Aufgaben an der Universität beschäftigt. 1950 wurde er zum Dekan der Philosophischen Fakultät gewählt und im nächsten Jahr zum Rektor. Er war der erste nicht getaufte Jude, der in Deutschland zum Rektor gewählt wurde.

Horkheimer hat seine Entscheidung, nach Deutschland zurückzukehren, niemals bereut, nicht nur deshalb nicht, weil er wichtige Posten bekleidete, sondern in erster Linie wegen seiner Kontakte zu den Studenten und seiner Erfolge in der Erziehung der jüngeren Generation im demokratischen Geist. „Ich habe in diesen zwei Monaten buchstäblich Tag und Nacht gearbeitet", schrieb er an Löwenthal kurze Zeit nach Aufnahme seiner Professur, „das schönste ist immer noch das Lehren. Den Kontakt mit den Studenten haben wir auch während der Ferien nicht verloren". (Brief vom 8. 4. 1950, HA)

An der Frankfurter Universität richtete Horkheimer die Loeb-Lectures ein, in deren Rahmen Gastdozenten aus vielen Ländern für Hörer aller Fakultäten und für die Öffentlichkeit Vorlesungen über Probleme des Judentums hielten. Unter vielen anderen beteiligten sich an diesem Forum so berühmte Denker wie Martin Buber, Leo Baeck, Gershom Scholem, Hans Kohn und Herbert Marcuse. Um die verschiedenen sozialwissenschaftlichen Traditionen Amerikas und Deutschlands zusammenzuführen, organisierte Horkheimer ein Austauschprogramm zwischen der Universität Frankfurt und der Universität

Abb. 8: Horkheimer als Rektor der Frankfurter Universität
(1951–1953) mit Bundeskanzler Adenauer

Chicago. Jahrelang förderte er mit finanziellen Mitteln der
Universität und anderer Institutionen Bildungsreisen in die
Vereinigten Staaten für Lehrer und Studenten, die auf diese Weise die Möglichkeiten hatten, das „democratic system of educa-
tion", also demokratische Erziehungspraktiken kennenzulernen.

Das neue, demokratische Deutschland bewertete Horkheimers Bemühungen um die demokratische Erziehung und Stär-
kung der demokratischen Gesinnung sowie seine wissenschaft-

Abb. 9: Theodor W. Adorno mit Frau Gretel

lichen Errungenschaften sehr hoch. Nach Beendigung seines zweijährigen Rektorats erhielt er 1953 von der Stadt Frankfurt die Goethe-Plakette, die höchste Auszeichnung dieser Stadt. In der Rede für den aus seinem Amt scheidenden Rektor betonte der Frankfurter Oberbürgermeister Walter Kolb, daß Horkheimer sich für die Angelegenheiten der Universität bemüht und aufgeopfert habe. „Wenn einer das würdigen kann, dann glaube ich das zu können, denn ich weiß, wie Sie oft genug gegen Mattigkeit und Krankheit ankämpfen mußten, um der großen Sache zu dienen, der Sie sich verschrieben hatten." In der Urkunde zur Goetheplakette, die Horkheimer erhielt, stehen die folgenden Worte: „Der Magistrat der Stadt Frankfurt ehrt eine Persönlichkeit, die mit allen Kräften des Geistes und Herzens für Auftieg und Erweiterung der J. W. Goethe Universität wirksam war ... Er ehrt den erfolgreichen Dozenten auf den Gebieten der Philosophie und Soziologie, der seinen Schülern und Mitarbeitern durch seine hervorragende Lehrtätigkeit ermöglichte, diese Wissenschaften zu erforschen und zu begründen."

1954 fuhr Horkheimer nach Amerika und hatte dort für kurze Zeit eine Gastprofessur an der Universität Chicago inne. Während der nächsten Jahre kam er regelmäßig jedes Jahr für zwei bis drei Monate nach Chicago, um diese „zweite Professur", wie er sie bezeichnete, aufrechtzuerhalten. 1959 war Horkheimer das letzte Mal in Amerika und nahm Abschied von der Universität in Chicago. Ein Jahr zuvor zogen sich Horkheimer und Pollock nach Montagnola am Luganer See zurück, waren jedoch noch jahrelang am Institut interessiert und beeinflußten direkt oder indirekt die Entscheidungen, die vom Nachfolger Horkheimers – Adorno – getroffen wurden. 1960 erhielt Horkheimer die Ehrenbürgerschaft der Stadt Frankfurt. 1969 starben in einem Jahr seine Frau, Rose-Maidon, und Theodor W. Adorno. Kurze Zeit später schlief auch Pollock für immer ein. 1971 wurde Horkheimers intellektuelle und wissenschaftliche Leistung mit dem Lessing-Preis der Stadt Hamburg gekrönt. Am 7. Juli 1973 wurde Horkheimer, nachdem er, wie er sich ausdrückte, „die linke Seite des Oberkörpers" spürte, in eine Nürnberger Klinik eingeliefert und starb dort nach kurzem Aufenthalt an Herzversagen. Er wurde auf dem jüdischen Friedhof in Bern neben seiner Frau (die in Amerika zum Judentum konvertiert war) und seinen Eltern begraben.

Horkheimer lebte im Nachkriegsdeutschland in einem Zwiespalt und in einer inneren Zerissenheit, die ihm z. B. diktierte, seine amerikanische Staatsbürgerschaft zu behalten und seinen Wohnsitz nach der Emeritierung, nicht nur aus gesundheitlichen Gründen, in die Schweiz zu verlegen. Man sollte das nicht als Verzicht auf öffentliches Auftreten und politisches Engagement verstehen. Horkheimer hatte Kontakte mit politischen Figuren und kannte Adenauer ziemlich gut; er wurde öfters im Radio und Fernsehen interviewt und nahm in den Medien Stellung zu kulturellen, gesellschaftlichen und politischen Ereignissen. Allmählich konnte man bei ihm eine Abweichung von dem radikalen Kritizismus der dreißiger und vierziger Jahre bemerken, vielleicht auch infolge der öffentlichen Anerkennung und der Verbindungen mit wichtigen Politikern. In erster Linie spielte hier jedoch die tiefe Enttäuschung über die Entwicklung der Sowjetunion zu einem Land des organisierten Terrorismus, das obendrein den Terrorismus in den westlichen Ländern inspirierte und unterstützte, die wichtigste Rolle „So ist es gekommen" – schrieb Horkheimer – „daß unsere neuere Kritische Theorie nicht mehr für die Revolution eingetreten ist, denn nach dem Sturz des Nationalsozialismus würde in den Ländern des Westens die Revolution wieder zu einem neuen Terrorismus, zu einem neuen furchtbaren Stand führen. Es gilt vielmehr, dasjenige, was positiv zu bewerten ist, wie z. B. die Autonomie der einzelnen Person, die Bedeutung des einzelnen, seine differenzierte Psychologie, gewisse Momente der Kultur zu bewahren, ohne den Fortschritt aufzuhalten." (GS 8, 341) In einem unveröffentlichten Interview mit Dagobert Lindlau und Reimar Allert zum Thema *Wieweit können wir im Umgang mit Kommunisten im eigenen Land gehen?*, meinte Horkheimer, daß am Anfang der Revolution Lenin und seine Freunde eine gerechte und freiheitliche Ordnung gewollt hatten, und daß er selbst und seine Freunde 1917 begeistert waren, als auf einmal Rußland Frieden machte und sagte „Freiheit und Brot". Und nach einer Weile fügte er hinzu: „Kurze Zeit nachher haben wir erfahren, was da geschah. Die Hölle war es. Was, nicht so sehr unter Lenin, aber was unter Stalin geschehen ist, das weiß die Welt heute noch gar nicht. Das ist so schlimm, meiner Meinung nach, wie das, was unter Hitler geschehen ist." (Interview für den Deutschlandfunk, Frankfurt, 9. 5. 1966, HA)

Elemente des Denkens in den Kategorien des Kalten Krieges, den Horkheimer während seines Aufenthaltes in den Vereinigten Staaten noch energisch bekämpft hatte, breiteten sich in den fünfziger und besonders in den sechziger Jahren langsam in seinen Ideen und Erklärungen aus. So z. B. in bezug auf den Krieg in Algerien, oder in der Frage der Wiederaufrüstung, und später bezüglich der amerikanischen Intervention in Vietnam. Es gehört durchaus zur Paradoxie der Geschichte – oder, in Hegelscher Terminologie, zur *List der Vernunft* –, daß Horkheimers Schriften aus den dreißiger und vierziger Jahren und besonders die mit Adorno verfaßte *Dialektik der Aufklärung*, zusammen mit Marcuses Schriften *Der eindimensionale Mensch* und *Die repressive Toleranz*, die intellektuelle Grundlage und das Fundament der Revolution der Studenten in den sechziger Jahren bildeten. Zu dieser Zeit bestand bereits eine tiefe Diskrepanz zwischen Horkheimers und Adornos Lehre einerseits und den Gedanken Marcuses andererseits, ganz zu schweigen von der politischen Praxis. Marcuse war, trotz Stalinismus und Gewalttaten der revolutionären Kräfte, auch seitens der Studentenbewegung der sechziger Jahre, radikal links eingestellt. Wie aus einem Brief an Horkheimer hervorgeht, verdammte Marcuse die „brutale imperiale Weltmacht der USA", unterstützte die „Gesellschaft in Nord-Vietnam", meinte im Unterschied zu Horkheimer (und Adorno), daß sie „keine makabre Farce" sei, „gemessen an den Ideen der Begründer des Kommunismus". Er betonte, daß er gegen Terror sei, aber daß Gewalt, „die in der Verteidigung des nackten Lebens gegen einen mörderischen, tausendfach überlegenen Angreifer ausgeübt wird (werden muß), sehr verschieden sei von der angreifenden und mörderischen Gewalt", daß Horkheimer sich *de facto* mit der Politik des Präsidenten Johnson identifiziere, etc. etc. (Marcuse-Horkheimer, 17. 6. 1967, Marcuse-Archiv)

Das war aber nur die eine Seite der gesellschaftlichen Philosophie und der politischen Anschauungen des späteren Horkheimer. Die andere, kaum bekannte Seite seiner politischen Auffassungen findet ihren Ausdruck in seinen Notizen aus den Jahren 1949–1973. Er versucht dort, nach dem Sturz des nationalsozialistischen Verbrechersystems, die Kräfte und die Würde des kritischen Denkens in die gesellschaftliche Praxis der Gegenwart und der Zukunft hinüberzuretten. Wer im Horkheimer der fünfziger und der sechziger Jahre einen konservativ eingestellten Denker sah, muß nach der Lektüre der Notizen seine Anschauung revidieren. Horkheimer übt bittere Kritik an der deutschen Geschichte, die, seiner Meinung nach, durch ihren reaktionären, antisemitischen und nationalistischen Charakter kennzeichnet sei. Er ist sehr konsequent in seiner Kritik der deutschen Verhältnisse, wenn er die Vergangenheit als Schlüssel zum Verständnis der Gegenwart betrachtet, trotz der großen Differenz zwischen den alten Verhältnissen und der neuen de-

Abb. 10: Horkheimer Anfang der siebziger Jahre (Foto Horst Tappe)

mokratischen Verfassung. So gibt er z. B. seiner Überzeugung Ausdruck, daß Deutschland seit Beginn des 19. Jahrhunderts nie einen eigenen Schritt getan habe, um das Prinzip der Freiheit zu verwirklichen. Preußens sogenannte Freiheitskriege brachten einen seltsamen Begriff der Freiheit hervor: „Man lese selbst die Demokraten, Turnvater Jahn und seine Gesinnungsfreunde. Turnen, Marschkolonnen, Singen, Exerzieren und Volkskunde – das waren die Begriffe, die mit dem der Freiheit zusammenhingen. Seid einig, einig, einig, nicht die Achtung vor dem, der damit nicht einig ist, nannten sie mit dem Namen, der anderswo, zumindest bisweilen, vor allem das Gegenteil bedeutet hat. Die vielen Einzelnen, die seit Kant es besser wußten, blieben seit diesem politisch suspekt bis an ihr Ende, das man in Deutschland so oft im Namen der Freiheit beschleunigt hat." (GS 6, 365–366) Unter dem Titel *Deutsche Empfindsamkeit* schreibt er: „Ein merkwürdiges Phänomen in Deutschland:

Man ist empfindsam geworden gegen den starken kritischen Ton. Er erscheint ‚geschmacklos', wie heute, im Jahre 1954, die bloße Erwähnung der Konzentrationslager. Empfindsam angesichts der eben vergangenen Geschichtsperiode … wenn schon der Name des Geschehenen als gefährlich empfunden wird." (Ebd. 233) Während seines Besuchs in Amerika schreibt Horkheimer an seine Frau: „Man hetzt die Bewaffnung Deutschlands unter offener Brüskierung Frankreichs und unter den bedenklichsten massenpsychologischen Bedingungen durch. Wenn Deutschland auf diese Weise, in Feindseligkeit gegenüber Frankreich, ja in gewisser Weise gegen den tieferen Willen Englands zur raschen Aufrüstung angetrieben wird, dann wäre es ein Wunder, wenn nicht Chauvinismus, Emigranten- und Judenfeindlichkeit überhand nehmen. Kennzeichnend ist die unheimliche Eile, mit der alles betrieben wird, und der Haß, der sich auf den jüdischen Ministerpräsidenten Frankreichs konzentriert." (New York, 19. September 1954, HA) Im November 1966, in der Notiz *Zur Politik in der Bundesrepublik,* nahm Horkheimer Stellung zu politischen Ereignissen in der BRD und äußerte u. a. die Meinung, daß sich zur Politik in der BRD und dem Verhältnis der Massen zu ihr viel Trauriges sagen ließe. Der von vielen unterstützte Ruf nach einem starken Mann beweise den „unausrottbaren Hang zum Führertum". Auch in anderen Ländern erklinge aus verschiedenen Ursachen der Ruf nach Stärke, aber er habe dort eine andere Bedeutung als in Deutschland. Hier im Lande „bedeutet er zugleich das unbewußte und bewußte Trauern um die Zeit des Massenmords: ein Volk, ein Reich, ein Führer." (GS 6, 411) In einem Gespräch mit Früchtl charakterisiert Habermas Horkheimers politische Welt in den fünfziger und sechziger Jahren so: „Er war ein schonungsloser Beobachter und scharfer Analytiker jener falschen Kontinuitäten, die für die Adenauer-Zeiten so charakteristisch waren; aber die Angst, in der er lebte (und nicht nur Anerkennungsbedürfnis), hat ihn eine Fassade aufrechterhalten lassen, hinter der er wie auf unausgepackten Koffern gesessen hat."

II. Das Werk

1. Die Präformation der Kritischen Theorie. Novellen und Tagebuchblätter 1914–1918

Die posthum herausgegebenen Novellen und Tagebuchblätter von Horkheimer stehen in enger Verbindung mit seinem späteren Werk. Aus diesem Grunde kann man sie als das embryonale Stadium der Kritischen Theorie betrachten. Sozialer und politischer Protest gegen die existierende Gesellschaftsordnung und den Krieg, Verlangen nach einer besseren Gesellschaft, die brutale Unterdrückung und Krieg unmöglich macht und humane Verhältnisse etabliert, kompromißlose Kritik an der institutionellen Religion, die den Staat unterstütze, von ihm abhängig sei und Gott in den Dienst der Machtpolitik stelle, Sehnsucht nach Gerechtigkeit und Wille zur Erkenntnis der Wahrheit charakterisieren die Frühphase der Entwicklung von Horkheimers Gedankenwelt. Hierzu gehört auch die oft im Hintergrund stehende pessimistische Metaphysik, die ihre Motive aus Schopenhauers Philosophie bezieht und einen anhaltenden Einfluß auf Horkheimers Gedankenwelt ausübte, das häufig mißverstandene Spätwerk eingeschlossen. Der Inhalt der Novellen und besonders der Tagebuchblätter kann als Beweis dienen, daß auch Nietzsches Auffassungen ihren publizistischen und literarischen Niederschlag in Horkheimers frühen Werken fanden. Obwohl Horkheimer sich erst später mit Marx und Marxismus beschäftigt hat, war er mit den politischen und ideologischen Diskussionen um den Sozialismus und den Anarchismus gut vertraut. Die für ihn wichtigsten literarischen Einflüsse kamen von Tolstoj, Ibsen, Strindberg und Wedekind.

a) Generationskonflikte

Der von Horkheimer beschriebene Generationskonflikt und die Auseinandersetzungen zwischen Sohn und Vater in den Novellen *Abenteuer, Der Zaun, Arbeit* (GS 1, 107–114; 176–183; 247–254) zeigen deutlich, daß er hier seinen Konflikt mit dem autoritären und konservativen Vater und in diesem Kontext mit der bürgerlichen Gesellschaft zu Beginn des zwanzigsten Jahrhunderts zu verarbeiten sucht. Nach vielen Jahren, in einem *Spiegel*-Gespräch mit Georg Wolff und Helmut Gumnior (1970), erklärte Horkheimer, daß er die psychologische Ausbildung des individuellen Gewissens aufgrund der Lehre Freuds als in Zusammenhang mit der Autorität des Vaters stehend auffasse. Der Sohn internalisiere die Postulate des Vaters in bezug auf Fleiß, Wahrheit und Gerechtigkeit in seine Psyche. Schließlich vernimmt er die Stimme des Vaters als seine eigene. Während der Pubertät hält der Sohn dann dem Vater entgegen: „Sprichst du denn immer die Wahrheit? Tust du immer das Rechte?" Bis dann der Sohn verstehe, daß sein Vater eigentlich doch das Richtige getan habe, weil „man auf dieser Welt nicht immer die Wahrheit sagen und nicht immer das tun kann, was man sollte". (GS 7, 356) Mit anderen Worten: Während der Pubertät vergleiche der Sohn seines Vaters Reden und Taten mit den introjizierten, von zu Hause stammenden ethischen Forderungen und beurteile ihn danach kritisch, sehr oft auch extrem negativ, komme jedoch später zur Überzeugung, daß im Grunde genommen der Vater nicht anders handeln konnte als er es wirklich tat, da er die gesellschaftlichen Konventionen und Normen nicht verletzen wollte. Wie Horkheimer jedoch mehrmals betonte, habe die Sehnsucht nach Wahrheit und Gerechtigkeit nicht nur ihre individualpsychologischen sondern auch gesellschaftlichen Gründe. Die Auseinandersetzung mit dem Vater münde infolgedessen in die Auseinandersetzung mit der existierenden Gesellschaft, ihren Normen, Institutionen, Apologeten und Vertretern.

Horkheimer gab dieser Auffassung Ausdruck in seinen Novellen. Er beschreibt die Kollisionen, zu denen es in den Beziehungen zwischen einem Großfabrikanten und seinem Sohn kommt, worauf sich der Sohn entscheidet, das Vaterhaus mit seiner Geliebten zu verlassen. Durch seine Liebe zu dem aus niedrigem Stand stammenden Mädchen begehrte er nicht nur Freiheit für sich, sondern auch Glück für die ganze Menschheit: „Er ist durch das Ereignis so aus den Gedankengängen düsterer Wirklichkeit herausgehoben, daß er in seinem unbeschreiblichen Jubel nicht nur die Erfüllung eigener Wünsche begehrt, sondern an die Möglichkeit allgemeinen Glücks, an soziale Besserungen glaubt und Freiheit für alle fordert. Er zieht den Vater für das Los seiner Arbeiter zur Verantwortung, beschuldigt ihn als einen Vertreter der Gesellschaft, die den Armen ein elendes Leben aufzwingt, die unter harten, dumpfen Berufen die Entwicklung des Geistes hemmt ... Er predigt und prophezeit ... die Revolution, den Aufstand des Volkes für Daseinsbedingungen, die ihm dem Zugang zu wahrer Kultur ermöglichen ... Zu diesem Zwecke, zur Sicherung der materiellen Lebensbedingungen für die Allgemeinheit, werden sie noch niedere Arbeit tun, doch sie wird gering und leicht sein, denn die Menschen werden einig ... Vielleicht wird eine einzige Katastrophe nicht genügen, vielleicht werden Revolutionen in hundertjährigen Abständen einander folgen ... und über Grausamkeiten, Reaktionen, Niederlagen wird doch der Sieg kommen." (GS 1, 247–248)

In der Novelle *Der Zaun* finden wir ähnliche autobiographische Elemente wie in der oben erwähnten Episode aus der Novelle *Arbeit*. Horkheimer schildert hier die Geschichte eines jungen Mannes, der durch Familienverhältnisse und die erzwungene Nachfolge des reichen Vaters in der Direktion der ihm verhaßten Fabrik gehindert wurde, ein „wahres Leben" zu führen. Er hat zwar „neue soziale Bücher gelesen und die Gedanken der großen Denker der letzten Generationen in sich aufgenommen", aber verhält sich im praktischen Leben recht passiv, weil die ethischen und gesellschaftlichen Normen, Gewissensbisse, Vorurteile, die verlogenen Phrasen der Nächstenliebe und Sühne und der bürgerliche Konformismus ihn an der Teilnahme an einer radikal-gesellschaftlichen Bewegung hinderten:

„Er war zu schwach gewesen, sich loszumachen; Mitleid mit seinen Eltern und eine wirre Angst vor der Verlassenheit und dem Alleinsein hatten ihn zurückgehalten." (Ebd., 177)

b) *Künstler und Gesellschaft*

Söhne reicher Fabrikanten und Millionäre bilden eine Kategorie der von Horkheimer in seinen Novellen dargestellten Gestalten. Eine andere bilden Künstler: Musiker, Dichter, Maler. Der hochbegabte Dichter Andreas Wied, ein junger und armer Mann, hegte einen heftigen und leidenschaftlichen Haß gegen die Gesellschaft, gegen ihre verlogenen Werte der christlichen Moral, Kultur, Ordnung und Pflicht, in deren Geiste sie die Jugend erziehe und die sie auf Schritt und Tritt propagiere, und gegen die Gleichgültigkeit und Selbstsucht, „um die Reichen reicher und die Unglücklichen elender zu machen". In erster Linie jedoch hatte Wied Mitleid mit den „Verachteten und Ausgestoßenen", und deswegen war er der Meinung, man sollte für die Verwirklichung der Ideale einer gemeinsamen Hilfe und Liebe, „einer Teilung der drückenden Lasten, einer neuen Welt" kämpfen, trotz der Überzeugung, daß diese ideale Welt in Wirklichkeit niemals kommen werde. Aber er hegte und pflegte die utopische Hoffnung der neuen Welt und der Erlösung der Menschheit, weil man ohne Hoffnung nicht leben kann und sich ein frühes Grab bereitet. Andreas Wied „sprach von dieser Utopie wie von einem Wunder, das man für unmöglich hält, an dessen Erscheinung man aber im tiefsten Seelenwinkel glaubt". (GS 1, 100–101) Die neue Welt und die Erlösung der Menschheit sind mit der neuen, besseren Gesellschaft und mit dem Sozialismus identisch, obwohl Horkheimer den Terminus „Sozialismus" hier nicht benutzt. Daß er den Sozialismus meint, ohne ihn so zu nennen, liegt auf der Hand, wenn man nur daran denkt, daß er vehemente Kritik am Eigentum übt und die „Sicherung der materiellen Lebensbedingungen für die Allgemeinheit" fordert. Äußerungen dieser Art gibt es in *Die Pubertät* in Hülle und Fülle. So z. B. in der Novelle *Kraft*, wenn der arme Geigenspieler Heinrich Pauli der jungen Frau, die sich mit dem reichen Fabrikanten verlobte, die Geheimnisse des gesellschaftlichen Lebens enthüllt. Er überzeugt sie, daß im gesellschaftlichen System der industriellen Welt nicht der Leib im Dienste des Geistes stehe, sondern umgekehrt: Der Geist erniedrigt sich zur Dienerschaft für das Geld, für Kanonen, für die Machtbegierde und für den Besitz. Diese und nicht die religiösen und moralischen Werte beherrschen die Welt und werden von Geld- und Machtgierigen gerechtfertigt. (Ebd., 122)

Die gesellschaftliche und politische Problematik kommt auch in der Novelle *Der Empörer* zur Darstellung. Der russische Künstler, Revolutionär und Anarchist Leo Frantoff lebt in Zwist und Streit mit dem ganzen gesellschaftlichen System. Er ist in den Westen geflohen und setzt dort seinen Kampf gegen die Gesellschaft und den Staat fort. Er führt diesen Kampf nicht aus Machtgier und Eigennutz, sondern „aus Verachtung und Haß der Lüge, der Unterdrückung, der Bequemlichkeit". Er kämpft für die Freiheit aller Menschen; keiner sollte in der Zukunft abhängig sein, sondern seine Fähigkeiten und Pläne realisieren können. Der Staat unterstützt die Mächtigen und Reichen und fordert von den Armen und Unterdrückten, ihre Pflichten gegenüber dem Staat und der Gesellschaft zu erfüllen. Deswegen war Frantoff „ein Feind des Staates". Der Staat sollte aus der Welt geschafft werden, um den Menschen zu ermöglichen, aus eigenem Willen handeln zu lernen. (Ebd., 211)

Diese anarchistische Lehre, die „jeder zu empfangen hatte", ging jedoch – an dieser Stelle benutzt Horkheimer Nietzsches Terminologie – „an der großen Herde spurlos vorüber", weil die Massen gleichgültig blieben und an revolutionären Veränderungen kein Interesse hatten. Wie wir den Novellen entnehmen können, waren sich Horkheimers Hauptgestalten bewußt, daß zwischen ihren Ideen und der Wirklichkeit eine Diskrepanz besteht, weil die Masse, „das träge Volk" laut Horkheimers Formulierung, die Verwirklichung der Ideen „den Hirten und Hunden", d. h. denjenigen, die der Herde den Weg zeigen, überläßt. Gesellschaftliche und politische Kritik und tiefer Pessimismus verbinden sich in Horkheimers Schriften dieser Zeit zu einem Konglomerat von Widersprüchen, die ihre Wurzeln einerseits in Kropotkins, Mühsams und Landauers Anarchismus und andererseits in Schopenhauers Pessimismus hatten.

c) *Antisemitismus und Judenverfolgung*

Auch Juden und ihre Verfolgung bilden ein wichtiges Thema in Horkheimers Jugendschriften. In der Novelle *Jochai* gab er in der Person des Kommis Jochai der ewigen Sehnsucht der Juden nach Gerechtigkeit, ihrem Protest gegen die Niederträchtigkeit der bestehenden Gesellschaft und der für die Juden charakteristischen Trauer Ausdruck: „Jochai, der Kommis, hatte nicht schießen können, war davongelaufen, keuchend unter ungeheurer Last tobender Gedanken. Nicht zu morden, zwang ihn, den Juden, die Empörung, sondern die Verzweiflung aller Sklaven hinauszuschreien zu den Ohren der Herren, selbstzufriedenen Gleichmut, gewissenstrügende Scheinwelt zu zerstören, Lügen totzuschlagen, mit unentrinnbaren Gründen zu überreden: geistig zu siegen ... Und er nimmt Schmerz, Empörung, Angst, Glauben, ballt sie zu einer gewaltigen Rede, zieht den Schleier von der ganzen menschlichen Sündenschuld und reißt ihr das Herz auf, erwürgt den Aberglauben und siegt und siegt." (GS 1, 264) Jochai entkommt in letzter Minute mit großen Schwierigkeiten den Mördern seiner Familie, die seinen Vater und seine Mutter sowie seinen Bruder und seine Schwester ermordeten, nur weil sie Juden waren. In krassesten Farben und im Stil des Expressionismus schildert Horkheimer den Pogrom, der sich weder in Rußland noch in der Ukraine, sondern in Deutschland ereignete. Bei der Lektüre dieser Novelle kann man sich nicht des Eindrucks erwehren, daß er schon 1917 den Pogrom gegen die Juden in der Reichskristallnacht beschreibt: „Hungrige, tolle Raubtiermenschen, zur Verzweiflung durch jahrhundertlange Qual gehetzt, schreien Rache, Rache! Nicht hat sie sorgsame Erziehung Mordlust zähmen gelernt, Vernunft ist nicht entwickelt, übt keine Herrschaft über Blutdurst, kein Urteil, kein Strahl wissenden Erbarmens aufblitzt in einem Auge: Grobknochige, böse Tiergesichter grinsen über fremde Todesnot. Schlanke Hände, Gnade suchend zum Himmel gereckt, Entsetzen der Sterbestunde im Auge, stürzen in plötzlich geöffneter Tür Knabe und Mädchen der Menge zu Füßen: Opfer der Empörung werden sie, Opfer schändlichster Grausamkeit, Vater und Mutter. Das Haus des reichen Juden fressen hellrote Flammen, blasse Leichen liegen vor vertrauter Schwelle, weiter tobt – noch nicht satt – die Bestie Volk." (Ebd., 266)

In der Novelle *Gregor* hält ein Kriegsinvalide eine Rede, in der er die Juden für den Krieg und für die vielen Opfer verantwortlich macht. Sie und nur sie profitierten von dem Blutvergießen der Millionen: „Und nicht einmal Menschen unseres Stammes, nicht einmal Menschen unseres Glaubens, keine Deutschen, keine Christen: *Juden* haben alles verschuldet, *Juden* streichen den Profit aus unseren Wunden ein, dieselben Schufte, die unseren Herrn ans Kreuz geschlagen. – Nieder mit den Juden!" (GS 1, 295 f.) Die Rede macht einen großen Eindruck auf die Zuhörer. Einige von ihnen, darunter auch der Künstler Tom, denken sich dabei: Wenn die Juden am Kriege schuld sind, dann sollen sie auch dafür leiden. Juden leiden niemals zu viel. Darum johlt er wie die anderen: „Nieder mit den Juden!", eilt zur Stadt und stürmt Judenhäuser. Die Polizei greift nur schwach und ohne Überzeugung ein, da sie keinen überzeugenden Befehl von den Vorgesetzten bekommen hatte: „Man läßt nicht ungern Volkswut in Pogromen verrauchen."

In seinen Jugendschriften setzt sich Horkheimer mit den traditionellen Beschuldigungen gegen die Juden auseinander: Sie hätten den Krieg arrangiert und sich dem Militärdienst entzogen, um in ihren Banken und Fabriken zu bleiben und Profit zu machen, sie seien schuld daran, daß die Masse in Armut verkomme, etc. Er weist darauf hin, daß ein Appell an die Vernunft zur Verteidigung der jüdischen Bevölkerung nutzlos wäre, da der Antisemitismus seine Wurzeln in der irrationalen Struktur der menschlichen Verfassung habe. So gesehen sei der Antisemitismus nicht nur ein manipulierbares Mittel der Propaganda, sondern wesentlich mehr: eine tödliche Gefahr für die Menschheit und für die menschliche Zivilisation. Tom ist diese Gefahr in Person: Er hat den Begriff der Gerechtigkeit verloren, ohne den keiner in der Gesellschaft auskommt. Dieser

Mangel ist so gefährlich, daß er zum Wahnsinn führen kann, es sei denn, er werde durch Surrogate ersetzt, und hier kommt der Judenhaß zu Hilfe. „Gewaltsam und mit letztem Aufgebot des Selbsterhaltungstriebs" rafft Tom sich zum Entschluß auf: „Man muß mittun, sonst wird man verrückt." (GS 1, 296) Die Solidarität mit dem antisemitischen Mob, der so agiert und reagiert wie er selbst, bedeutet für ihn „die Freiheit, die Rettung". Horkheimer befaßt sich hier hauptsächlich mit Symptomen des Antisemitismus und seinen Gefahren, läßt sich aber auf die Gründe im einzelnen nicht ein. Da er damals Marx' und Freuds Schriften noch nicht zu Gesicht bekommen hatte, unterbreitet er keine Vorschläge zur Lösung dieses Problems.

d) Kritik der institutionellen Religion

In seinem Vorwort zu den Jugendschriften, kurz vor seinem Tode (1973) verfaßt, weist Horkheimer darauf hin, daß in den Jugendnovellen religiöse und ethische Imperative als die unmittelbar den individuellen Einzelnen bestimmenden oder von ihm negierten Motive seines Handelns erscheinen, ohne analytische Nuancierung der wesentlich komplizierteren Wirklichkeit. Die beruflichen, politischen und anderen Interessen beeinflussen noch nicht die religiösen und moralischen Motive. In seinen Novellen, unterstreicht Horkheimer, seien die „sozialen, religiösen, erotischen und rebellischen Ideen" entscheidend. Erst mit dem Erwachen der kritischen Funktion des Gewissens in der Pubertätsperiode und der Entwicklung der geistigen Interessen formiere sich, auch im Rahmen des Ablösungsprozesses von Autoritäten, eine rebellierende Religionskritik. (GS 1, 19)

Den Mechanismus der Entstehung der Zweifel an den Prinzipien der Religion beschreibt Horkheimer in der Novelle *Der Frühling* am Beispiel des Studenten Hans: „Für jeden Knaben der Großstadt kommt früher oder später einmal die Zeit, in der er an allem, was mit der Religion zusammenhängt, zu zweifeln beginnt. Man betrachtet Professoren und Erzieher mit kritischen Augen und hört auf, ihnen unbedingten Glauben zu schenken. Wir begreifen, daß die Menschen sind wie wir selbst, daß sie Schwächen und Fehler haben, wir leugnen ihre Autorität und damit auch ihre Lehren. Wir rächen uns gleichsam für die Macht, die sie über uns besitzen, für die Achtung, die sie von uns fordern. Wir ziehen alles, was sie hochhalten, in den Staub und erheben das Verbotene und Verpönte. Anfangs geschieht das vielleicht nur aus Trotz, aus Laune, aus Freude am Widerspruch; später jedoch stehen wir vor den zerstörten Tempeln, vor der Welt, der wir alles Hohe und Ehrwürdige geraubt, deren Ideale wir gestürzt und verspottet; um uns ist es kalt und leer, wir verlangen nach einem Halt, nach Zielen und Heiligtümern, und wohl oder übel müssen wir nun an die Arbeit gehen, uns selbständige Anschauungen und eine eigene Religion zu schaffen. So wird Prüfung und Kritik zur bittersten Notwendigkeit." (Ebd., 220) Es besteht kein Zweifel, daß bei Horkheimer die skeptische Einstellung bezüglich der Wahrheiten der Religion im Zusammenhang mit der allgemeinen Krise der Religion zu betrachten ist. Horkheimer selbst betrachtet die Verstrickung der individuellen Seele in die allgemeine Krise der Religion als ein Phänomen, das die moderne Gesellschaft charakterisiert: „Die Krise der Religion, die durch die Aufklärung für die bürgerliche Gesellschaft kennzeichnend wurde, hat in der Seele junger Menschen, zumindest in westlichen Ländern, bewußt oder unbewußt, schon länger als ein Jahrhundert ein wichtiges Moment gebildet." (GS 1, 20)

Es fällt auf, daß Horkheimer von der Suche nach einer „eigenen Religion" spricht. Ob er dabei den Begriff im traditionellen Sinne gebraucht, ist mehr als zweifelhaft. Spricht er doch in diesem Zusammenhang von Prüfung und Kritik als dem Weg, der zur Enthüllung der Wahrheit führt. In der Hoffnung, Grundwahrheiten kennenzulernen, sollten wir, läßt Horkheimer den Studenten Hans sagen, „alle Gebiete der Wissenschaft und Literatur" durchsuchen und gleichzeitig „mit schärfsten Augen nach Sicherem, Zweifellosem, Endgültigem" forschen. Eine ganz andere Sache ist, daß man auch auf diesem Weg nirgends eine Lösung der Probleme des Seins und Lebenssinnes findet, sondern im besten Falle sich mit Vermutungen und Andeutungen begnügen muß. Aber von Gott hat man schon Ab-

schied genommen, und diese Trennung ist endgültig und irre-
versibel.

In dem Briefwechsel *Krieg* übt Horkheimer kompromißlose
Kritik an einer institutionellen Religion, die er, dem jungen Hegel ähnlich, beschuldigt, materielle und politische Vorteile aus
der Zusammenarbeit mit dem Staat zu ziehen. „Die Orthodoxie ist nicht zu erschüttern", schrieb Hegel in einem Brief an
Schelling, „solange ihre Profession mit weltlichen Vorteilen verknüpft in das Ganze eines Staats verwebt ist ... Ich glaube, es
wäre interessant, die Theologen ... in ihrem Ameisen-Eifer so
viel als möglich zu stören, ihnen alles zu erschweren, sie aus jedem Ausfluchtswinkel herauszupeitschen ...". (Briefe, hrsg.
von J. Hoffmeister, 1, 26)

Horkheimer gibt seiner Überzeugung Ausdruck, daß es im
Weltkrieg nicht um die Verteidigung von kulturellen Errungenschaften geht, sondern um Besitzgier und Macht: „Nein, glaube
mir, Kampf und Kultur ist nur der verlogene Mantel, die Selbsttäuschung der Kriege: Sucht nach Besitz und Ehre, Gier nach
Einfluß und Macht ist's, was mich andere angreifen und die andern sich verteidigen läßt."

Die „niedere, abgeschmackte, verlogene Religion" rechtfer-
tigt und bestätigt den Krieg, arbeitet Hand in Hand mit den Re-
gierungen und betrügt zusammen mit ihnen die Massen des Volkes und der Armee, da sie ihnen einredet, daß der Krieg angeblich im Interesse der Allgemeinheit geführt wird. (GS 1, 48 f.)
In den Novellen *Irene* und *Der Zaun* wird der Religion und
der Kirche vorgeworfen, daß sie die „Gesetze genießen", die ihnen verschiedene Privilegien gewährten, und deswegen den
Staat unterstützten, der sich nur durch „Waffen, durch Blut
behaupten kann". Obendrein schreie die heuchlerische Kirche
Phrasen über Liebe, Nächstenliebe, Tugend, Ergebenheit und
Vergütung für die irdische Not in die Welt hinaus und verewige
auf diese Weise den bestehenden militaristischen Staat. (Ebd.,
146 f; 178 f.)

e) Schopenhauers Einfluß

1961 schreibt Horkheimer in einem Artikel über Schopenhauer: „Die Lehre Schopenhauers hat in der Gegenwart schon darum Bedeutung, weil sie unbeirrbar die Götzen denunziert und sich doch weigert, in der schlauen Vorstellung dessen, was je schon ist, den Sinn der Theorie zu sehen. Sie ist nüchtern, ohne philosophisch resigniert zu sein. Die Doktrin vom blinden Willen als dem Ewigen entzieht der Welt den trügerischen Goldgrund, den die alte Metaphysik ihr bot. Indem sie ganz im Gegensatz zum Positivismus das Negative ausspricht und im Gedanken bewahrt, wird das Motiv zur Solidarität der Menschen und der Wesen überhaupt erst freigelegt, die Verlassenheit. Keine Not wird je in einem Jenseits kompensiert." (GS 7, 139–140)

Später wies Horkheimer darauf hin, daß während seines ganzen Lebens Schopenhauer eine entscheidende Rolle gespielt habe. (GS 7, 321) Schopenhauers Name taucht auch in dem Vorwort zu den Jugendnovellen auf. Seine Lehre wird dort als der Schlüssel zum Verständnis der Gesinnung der Jugend präsentiert. (GS 1, 20) Schopenhauers Philosophie ist neben der Marxschen Lehre die Klammer, die alle Phasen in der Entwicklung von Horkheimers Gedankenwelt zusammenhält und ihren Anfang und Inhalt in hohem Maße geprägt hat.

Vor diesem Hintergrund wird verständlich, welche Rolle Schopenhauers Philosophie in den Anfängen der intellektuellen Tätigkeit Horkheimers spielt. Wie bei Schopenhauer bezeichnet der Wille in Horkheimers Novellen und Tagebuchblättern den Ursprung der menschlichen Vitalität, und in gewissem Sinne kommt durch ihn das ganze Sein in Bewegung. In Horkheimers Auffassung findet, wieder wie bei Schopenhauer, der Wille des Menschen in seiner reinsten Gestalt seinen Ausdruck in der Kunst. Der Kommis Jochai schildert mit gewaltigen Worten die neue Ordnung „als einzigen Trieb zu Bewußtsein und Erkenntnis", spricht von der Sehnsucht nach Licht in jedem, selbst dem geringsten Menschen und malt als letztes, erhabenes Ziel einen ewig hellen Idealstaat: „Der reinste Ausdruck des

Geistes ist Kunst. Der Wille des Menschen wird dann nur Kunst sein." (GS 1, 248)

Die Anschauung, daß das Leiden den Inhalt der Geschichte bildet, ist bei Horkheimer wahrscheinlich unter dem Einfluß des Judentums entstanden, das er in seinem jüdischen Religionsunterricht kennengelernt hatte, wie aus einer Gymnasialausarbeitung über Gott und Geschichte hervorgeht. Er bewies dort, daß er sogar Kenntnisse in der Mischna besaß. (HA XI, 64) Seine philosophische Vorstellung bezüglich des Leidens als individuelle und zugleich metaphysische Kategorie hat er jedoch Schopenhauer zu verdanken. Um nur ein Beispiel zu nennen: In der ersten Novelle aus der Reihe *Wille zur Erkenntnis* begegnete Paul West einem Leichenzug, nachdem er stundenlang am Totenbett der in seiner Gegenwart verstorbenen Freundin saß. „Auch hier das Leid, auch hier der Tod – und der Nebel war grau und hoffnungslos wie in der engen Gasse – wie über der ganzen Stadt. Da fühlte Paul West zum ersten Male, daß das Leiden nicht von den äußeren Bedingungen abhängt, daß die Seele des Menschen die Quelle seiner Schmerzen ist, daß diese Quelle fließt, solange er atmet, gleichviel, ob er in Palästen oder in Hütten lebt, ob er unter Titeln und Würden oder unter Armut und Arbeit seufzt. Er sah wohl die Ungerechtigkeit der Verteilung der Güter, er begriff, daß vieles Äußerliche gemildert und gebessert werden könne, doch im tiefsten Bewußtsein ahnte er, daß alle Neuordnungen, alle Besserungen, alle Revolutionen, daß die Erfüllung der kühnsten Utopien die große Qual nicht berühren würde, weil der Kern des Lebens selbst Qual und Sterben ist." (GS 1, 172) Was hier auffällt, ist die Tatsache, daß Horkheimer bereits in der Jugendzeit sich auch mit der Mentalität der Menschen und nicht nur mit sozialen Umständen befaßt: Ihn interessieren die seelischen und körperlichen Befindlichkeiten, die Ängste und Neurosen, die vielfältigen Gefühle und Regungen, aus welchen sich ein sozialer Zusammenhalt formt. Wie schon erwähnt, befaßt er sich in diesem Zusammenhang mit der Problematik des Todes. In nicht weniger als sechzehn Fällen wird in den Novellen der Tod beschrieben, wobei auch das Problem der Seele zum Gegenstand seiner Überlegungen wird: „Die Mythologie kennt ein treffendes Gleichnis: sie sagt, beim Tode fliehe die Seele aus dem Leibe. Das Körperliche ist also nun allein – und wie sieht es aus, was wird aus ihm? – Ekel. Die Seele ist ein Nichts, und vielleicht hat das treibende Leben, das die ganze Naturordnung geschaffen hat, keinen andern Sinn als den, jenes Nichts zu erarbeiten, wie ein Berg, der sich so hoch auftürmt, daß sein Gipfel immer feiner und schmäler wird, bis er zuletzt im Äther sein Ende erreicht." (Ebd., 32)

Horkheimers materialistische Auffassung, daß die individuelle Seele ein Nichts ist, hat ihre Wurzeln in den frühen Schriften der hebräischen Bibel, in den Schriften der französischen Aufklärer sowie auch in Schopenhauers Auffassungen, der diesen Begriff nicht benutzt und stattdessen vom Intellekt spricht, den er auf folgende Weise charakterisiert: „Der Intellekt ist eine Funktion des Gehirns, wie das Greifen Funktion der Hand, und das Verdauen Funktion des Magens." (Arthur Schopenhauer: *Der handschriftliche Nachlaß*. Herausgegeben von Arthur Hübscher. Bd. IV, Erster Teil, Frankfurt 1975, 73) Nach fünfzig Jahren wird Horkheimer im Essay *De Anima* (1967) zu dieser Problematik zurückkehren und seine die Unsterblichkeit der Seele ablehnende Antwort auf die Frage: „Was ist die Seele?" sogar radikaler formulieren als in der Jugendzeit.

2. Die frühe Phase der Kritischen Theorie. Horkheimers philosophische Schriften 1919–1932

Diese Phase der intellektuellen Entwicklung Horkheimers umfaßt seine Studien- und Dozentenzeit an der Universität Frankfurt, die Übernahme der ordentlichen Professur und des Direktorats des Instituts bis zu seinen Aufsätzen in der *Zeitschrift für Sozialforschung*. Was Horkheimers Denken in dieser Periode kennzeichnet, ist die philosophische Begründung seiner Weltauffassung, besonders die schrittweise Annäherung an den Materialismus und Marxismus. Horkheimer formuliert in seinen Werken aus dieser Zeit zum ersten Mal Gedanken, die später den Kern der Kritischen Theorie bilden: Kritik der instrumen-

tell-ökonomischen Vernunft; Abgrenzung gegenüber der zeitgenössischen Metaphysik; materialistischer Skeptizismus; Einbeziehung des subjektiven Faktors und vor allem der Psychologie in die Geschichtsphilosophie; Korrekturen an der marxistischen Theorie. Am Ende dieser Phase wurde die doppelte
Frontstellung der Theorie deutlich sichtbar: Einerseits gegen
den begriffsfeindlichen Positivismus, andererseits gegen die
sinngebende dogmatische Metaphysik.

a) Kritik der bürgerlichen Ökonomie

Bereits als Student des vierten Semesters befaßte sich Horkheimer intensiv mit ökonomischen Problemen. Ohne den Anspruch einer fachlichen Untersuchung taxiert er die Literatur
der bürgerlichen Ökonomik. In einer Notiz, betitelt *Das Wirt-
schaftsprinzip* (1920), bezeichnet er den Streit zwischen verschiedenen Auffassungen der nationalökonomischen Probleme
als „Scheingefechte". Er zitiert Adolph Wagner, Cort v.d.
Linden, Julius Lehr und William St. Jevons, um zu beweisen,
daß sie als das Hauptobjekt ihrer Wissenschaft ausschließlich
Handlungen nach dem Prinzip des kleinsten Mittels ansehen.
(GS 2, 14f.) Dieses Prinzip sei für sie ein Naturgesetz: „Es gilt
für die organische und anorganische Natur, für das Reich des
bewußten und unbewußten Geschehens. Jede Wissenschaft hat
mit ihm zu rechnen, und unmöglich ist es, das Gebiet einer Teil-
wissenschaft durch den Hinweis darauf abzugrenzen."
   Philosophen wie Hodgson und William James, der in seine
pragmatische Philosophie eine Theorie „der Sparsamkeit" ein-
baute und den Trieb zur Sparsamkeit mit den Mitteln des Denkens zum „philosophischen Trieb par excellence" machte, propagieren das Prinzip des kleinsten Mittels auf anderen, nicht-
ökonomischen Gebieten der menschlichen Tätigkeit. (Ebd., 16)
Horkheimer erklärt diese Auffassung kurz und bündig als
„falsch", weil Gesetze keine Ausnahmen zuließen. Die Vertreter der bürgerlichen Ökonomie betrachteten ihr Prinzip als allgemein gültig, also als Gesetz. Was jedoch in bezug auf die
Natur wahr sei, müsse nicht wahr sein, wenn man die menschli-

chen Handlungen betrachte. Die wirtschaftliche Tätigkeit sei eine spezifische Gestalt der menschlichen Aktivität. „Der Hinweis auf das Prinzip des kleinsten Mittels kennzeichnet die spezifisch wirtschaftliche Handlung ebenso wenig wie die spezifisch künstlerische." (GS 11, 16) Die Beurteilung der angeblich universalen Tätigkeit aufgrund des Prinzips „to do the most we can with the least effort we can" sei die Folge eines simplen Irrtums, der durch Vergeßlichkeit entstehe. Man vergesse nämlich das Wichtigste: daß Voraussetzung jeder Handlung „Weltbild und geistige Potenz des Handelnden sind, nicht des Beurteilenden". Im besten Fall sei das erwähnte Prinzip nicht mehr als ein Postulat, in anderen Fällen könne seine Anwendung Schaden anrichten, z. B. durch Mißerfolg oder Verletzung der Rechte von anderen.

Horkheimer gibt seiner Meinung Ausdruck, daß die Nationalökonomie sich, wie bereits Franz Oppenheimer feststellte, mit „Beschaffen und Verwalten von Sachen" befasse. Diese Problematik sollte man erschöpfend von allen Seiten betrachten und nicht einseitig, wie die Vertreter der bürgerlichen Ökonomie. Außerdem ignorierten sie den Umstand, daß die psychischen Bedingungen der Handlung „nicht unwichtiger sind als die Summe der physischen", daß man also ganz konkret je nach Art der analysierten Handlungen verschiedene subjektive und objektive, geistige und materielle Faktoren in Betracht ziehen müsse, um den Gegner besser zu verstehen. Auf diese Problematik richten Horkheimer und Adorno ihre Aufmerksamkeit in der *Dialektik der Aufklärung,* und zwar bei der Entlarvung des destruktiven Charakters der instrumentellen Vernunft im Kapitel über den Antisemitismus. Sie schreiben dort: „Die Gleichgültigkeit gegen das Individuum, die in der Logik sich ausdrückt, zieht die Folgerung aus dem Wirtschaftsprozeß ... Ökonomische Rationalität, das gepriesene Prinzip des kleinsten Mittels, formt unablässig noch die letzten Einheiten der Wirtschaft um: den Betrieb wie den Menschen." (GS 5, 233)

b) Horkheimer und Kant

In Horkheimers Habilitation *Über Kants Kritik der Urteilskraft als Bindeglied zwischen theoretischer und praktischer Philosophie* spielt der Begriff der Zweckmäßigkeit der Naturform eine kardinale Rolle, wobei dieser Begriff als Verhältnis von Ganzem und Teil ausgelegt ist, was mehr an die Gestaltpsychologie und Cornelius' Transzendentalphilosophie erinnert als an Kants Philosophie, in der Zweckmäßigkeit als „Gesetzmäßigkeit des Zufälligen als eines solchen" definiert ist. (I. Kant, Werke, hrsg. v. W. Weischedel, 8, 193)

Ein anderes Problem, mit dem Horkheimer sich beschäftigt, ist die von Kant angestrebte Einheit von theoretischer und moralisch-praktischer Vernunft und die Frage der dahinter steckenden Unterschiede zwischen den beiden Formen der Vernunft. Er war überzeugt, daß der Weg, den Kant einschlug, um dieses Problem zu klären, aus seinen dogmatischen Voraussetzungen resultierte. Horkheimer war der Meinung, daß es keine Kluft zwischen theoretischem und praktischem Vermögen gebe und infolgedessen die Kritik der Urteilskraft kein „Verbindungsmittel" bildete. Hegels Identitätsphilosophie in bezug auf Vernunft und Wirklichkeit verbal ablehnend, nimmt Horkheimer jedoch an, daß es eine „vernunftgemäße Wirklichkeit geben kann". (GS 2, 246) Er beendet seine Untersuchung mit der folgenden Konklusion: „So erscheint als wesentliches Ergebnis dieser Arbeit in Beziehung auf die Vereinigung des theoretischen und praktischen Vermögens dieses: daß gerade das Kennzeichen, durch welches das letztere vom ersteren in den Untersuchungen der *Kritik der Urteilskraft* vornehmlich unterschieden war, nämlich die Fähigkeit zur Konzeption von Ideen im Sinne systematischer Einheiten, keine unüberwindliche Scheidung ausmacht." (Ebd.)

In seiner Antrittsvorlesung als Privatdozent (Mai 1925) über *Kant und Hegel* bringt Horkheimer seine pejorative Einstellung bezüglich Kant und Kantianismus zur Sprache, was um so mehr auffällt, als er in der Vergangenheit zwar versucht hatte,

Kants Philosophie in einigen Punkten zu korrigieren, aber im Grunde genommen die Hauptthesen des Königsberger Philosophen akzeptierte. So schreibt er z. B.: „Bei Kant ist ja im letzten Grunde alles irrational und unbegreiflich, weil … der Inhalt unserer Erfahrungen keine eigene, ihm selbst zugehörige Struktur aufweist, da diese äußerlich von den Gemütsformen erst in sie hineingetragen wird … Der Gang der Geschichte, wie auch, daß das System der Naturordnung … so und nicht anders ist – all dies ist im letzten Grunde dort bloßes Faktum, Zufall, wie Kant es selbst genannt hat." (GS 11, 117 f.) In der Manuskriptfassung, die mit dem Vorlesungstext nicht identisch ist, lesen wir: „Bei der rationalen Analyse hie Verstand hie sinnloses Material geht das Entscheidende verloren, aber man meint, wenn man die so gewonnenen Elemente wieder zusammensetzt, habe man die Welt konstruiert, und es kommt doch nur ein leer klappernder Apparat heraus – Leerformen, die Nichtse verarbeiten." (Ebd., 100)

Horkheimer verbirgt nicht, daß auf ihn Hegels dialektische Logik überzeugender wirkt als Kants kritische Philosophie. Während Kant, so meint er, als Ergebnis seiner Untersuchungen bei „den Leerformen des menschlichen Gemütes" einerseits und einem „sinnlosen chaotischen Material" andererseits stehen geblieben sei, versuche Hegel diese Dichotomie zu überwinden. Sein grandioses System beweise, daß die intellektuellen Faktoren, die Verstandes- und Anschauungsformen ebensowohl wie alle Bestimmungen und Relationen „überhaupt nur diese sein können, und als diese erkannt werden können, weil *dieser* Inhalt, *diese* wirkliche Welt in Natur und Geschichte so und nicht anders sich ausbreitet". (Ebd., 115) Um die Logik des Geistes und der Geschichte besser zu verstehen, müsse man im Auge behalten, daß man, um den Sinn der transzendentalen Faktoren darzulegen, keineswegs von der geschichtlichen Situation absehen könne, in der unser Wissen und Vernunft verwurzelt ist. Die Vernunft stehe nämlich nicht außerhalb, sondern innerhalb der Welt und sei ein Teil des Ganzen. (Ebd., 116 f.) Was Horkheimer wahrscheinlich am meisten faszinierte, war Hegels Bestrebung, alle Probleme der Welt rational zu erklären:

„Es ist kein Zweifel, daß hier, in dieser positiven Stellungnahme der Philosophie zu allen Problemen, in diesem Mut, alles zu begreifen, daß hierin ein Teil des neuerstandenen Zaubers der Hegelschen Philosophie begründet ist."

c) Der Übergang zum historischen Materialismus

Horkheimer hat Marx' Werke wahrscheinlich seit 1920 studiert, da er in der oben erwähnten Beschreibung des Charakters der politischen Ökonomie den für Marx charakteristischen Terminus „bürgerliche Ökonomie" benutzt. Sein Interesse an Marx blieb jedoch jahrelang Privatsache und fand Anfang der zwanziger Jahre keinen Ausdruck in seinen Aufzeichnungen und Veranstaltungen. Erst in seiner Vorlesung über die Geschichte der neueren Philosophie gab er seiner historisch-materialistischen Auffassung Ausdruck und brach eindeutig mit der traditionell-ideengeschichtlichen Deutung der Philosophiegeschichte.

Mehrere Passagen in dem erst 1987 veröffentlichten Text der *Einführung in die Geschichte der neueren Philosophie,* die Horkheimer im Sommersemester 1927 hielt, erinnern stark an die Ideologiekritik von Marx und Engels in der *Deutschen Ideologie.* So schreibt Horkheimer z.B. im Vorwort: „Indem die Menschen ihre Beziehungen, die wirklichen Verhältnisse, unter denen sie leben, umgestalten, verändern sie auch ihre metaphysischen Vorstellungen, ihre religiösen und philosophischen Ideen. Der wirkliche Lebensprozeß der Menschheit, also die Art, wie die Menschen ihr Leben gewinnen und erhalten, ebenso die Formen, die durch die jeweilige Art dieses wirklichen Lebensprozesses unmittelbar bedingt sind, müssen wir als das Ursprüngliche, als die *eigentliche Geschichte* ansehen und keineswegs die Ideen, die sich die Menschen von diesem ihrem wirklichen Sein jeweils gemacht haben. Es ist auch ganz falsch zu meinen, daß diese Ideen, abgelöst von der Geschichte der menschlichen Gesellschaft, notwendig einen inneren und durchgehenden Sinn haben müßten und daß man gar diesen Sinn „innerhalb der Philosophie", das heißt ohne Kenntnis der wirklichen Geschichte zu explizieren vermöchte – alle diese, heute zum Teil mit der akademischen Arbeitsteilung zusammenhängenden Meinungen möchten wir nicht teilen ..." (GS 9, 17)

Horkheimer benutzt hier eindeutig, in leicht veränderter Form, Formulierungen von Marx und Engels, die behauptet haben, daß die Geschichtsauffassung darauf beruhe, den wirklichen Lebensprozeß zu entwickeln, und zwar ausgehend von der Produktionsweise und der von ihr erzeugten Verkehrsform als Grundlage der verschiedenen theoretischen Erzeugnisse, wie Philosophie, Moral, Religion etc.; daß nicht das Bewußtsein das Leben bestimme, sondern das Leben das Bewußtsein. Damit könne die Philosophie nicht länger den Schein der Selbständigkeit behalten. (MEW 2, 23)

In seiner Auseinandersetzung mit dem Problem der Erweiterung der philosophischen Erkenntnis weist Horkheimer darauf hin, daß auf diesem Gebiet die Anstöße nicht nur von den Naturwissenschaften, wie z. B. der Physik, kämen, sondern ebensogut von der Psychologie und der politischen Ökonomie. (GS 9, 16) Er erwähnt hier Freud und Marx nicht mit Namen, aber das war auch überflüssig: Die Anspielung war eindeutig. In diesem Zusammenhang fällt die Tatsache auf, daß Horkheimers Ansicht nach von den „rein fachphilosophischen Schulen" überhaupt keine Impulse ausgingen, um die philosophischen Probleme anzupacken, geschweige denn, sie zu verstehen, weil sie nicht „vor, sondern weit hinter den aktuellen Problemen" stünden. (Ebd., 16)

Mit dem Zusammenbruch des gigantischen philosophischen Systems Hegels, das eine Synthese des ganzen abendländischen Denkens bildete, in dem die Philosophie als Selbsterkenntnis des Absoluten und ihre Geschichte als der Prozeß des Geistes auf dem Wege zur vollendeten Wahrheit aufgefaßt wurde, „ist der Glaube an die Selbständigkeit und Unbedingtheit der Philosophie ... vernichtet worden". (Ebd., 17) Heutzutage wissen wir, deklariert Horkheimer, der damals schon ein gutes Stück Weg zum Marxismus zurückgelegt hatte, daß die „philosophischen Anschauungen und Systeme erklärbar sind aus der wirklichen Geschichte der Menschheit ... Die wissenschaftliche Aufgabe, die es hier zu bewältigen gilt, besteht nicht darin, nun selbst von abgezogenen, hohen, philosophischen Begriffen aus gegen ihre Doktrinen zu diskutieren und so gewissermaßen auf echt idealistische Weise Geschichte der Philosophie zu treiben, sondern es auf Grund einer genauen Forschung der Geschichte des gesellschaftlichen Lebensprozesses, also von den untersten Stufen aus, darzustellen, wie die herrschenden philosophischen Anschauungen aus diesem Prozesse – vielleicht aus jeweils weit zurückliegenden Phasen – hervorgegangen sind. Ihre Genesis, ihre Bedingtheit und Abhängigkeit ist zu erforschen …" (Ebd., 18) In diesem Kontext äußerte Horkheimer seine Meinung, „daß die Produktion der Ideen, der Vorstellungen juristischer, politischer, moralischer, religiöser, metaphysischer Art Ausfluß des materiellen Verkehrs der wirklichen Menschen und in ihr reales Verhalten verflochten ist". (Ebd., 22) Er umschreibt hier mit anderen Worten die bekannte These der *Deutschen Ideologie,* daß „die Produktion der Ideen, Vorstellungen, des Bewußtseins zunächst unmittelbar verflochten in die materielle Tätigkeit und den materiellen Verkehr der Menschen … ist … Die Moral, Religion, Metaphysik und sonstige Ideologie und die ihnen entsprechenden Bewußtseinsformen behalten hiermit nicht länger den Schein der Selbständigkeit. Sie haben keine Geschichte, sie haben keine Entwicklung, sondern die ihre materielle Produktion und ihren materiellen Verkehr entwickelnden Menschen ändern mit dieser ihrer Wirklichkeit auch ihr Denken und die Produkte ihres Denkens." (Schr. 2, 22–23)

Horkheimers prinzipieller Übergang zu den Positionen des historischen Materialismus beeinflußte auch auf andere Weise seine Betrachtung der Philosophiegeschichte: Laut Marx hat die Philosophie als Metaphysik keine eigene Geschichte, und Horkheimer teilte mit ihm durchaus diese These. Er hielt sich jedoch nicht für kompetent, die Betrachtung der Abhängigkeit der philosophischen Vorstellungen „vom praktischen Entwicklungsprozeß der Menschen" in seiner Veranstaltung durchzuführen (GS 9, 18) und wies darauf hin, daß er im genauen Sinne des Wortes von einem „Zukunftsprogramm" gesprochen habe, was jedoch keineswegs die Rückkehr zur reinen Ideengeschichte bedeutete.

Horkheimer hatte Schwierigkeiten mit dem Terminus „wirkliche positive Wissenschaft", den Marx benutzt, um seine eigene Position zu charakterisieren (MEW 2, 24), und mit der These, daß der historische Materialismus mit der alten Philosophie vollkommen breche. Er verteidigt ausdrücklich die positiven Wissenschaften, die einen Beitrag zur philosophischen Erkenntnis leisteten: „Wo man von Erkenntnissen spricht und dabei von der positiven Wissenschaft als einer andersartigen oder schlechteren oder unphilosophischen Bemühung um Erkenntnis redet, da werden Sie fast ausschließlich Dogmen aus den Anfängen der positiven Wissenschaft finden, die sich der Kontrolle durch die fortschrittlichsten wissenschaftlichen Erkennntnispositionen entziehen wollen." (GS 9, 16)

Sein bejahendes Verhältnis zum zeitgenössischen Positivismus war wahrscheinlich die Folge davon, daß er die Tendenzen des zeitgenössischen Positivismus mit dem Marx'schen Postulat eines wissenschaftlichen Positivismus identifizierte. In Wirklichkeit sind die Dinge wesentlich komplizierter als Horkheimer annahm. Während Marx von dem Widerspruch zwischen Existenz und Wesen, Erscheinung und Wesen ausgeht (Schr. 1, 55; 71, 567), das Wesen der materiellen Dinge als das Allgemeine und Notwendige im Wechsel der Erscheinungen betrachtet, fordert, von der „Oberfläche in die Tiefen des gesellschaftlichen Lebens" hinabzusteigen, oft die Wichtigkeit der Geschichte betont, schreibt der Positivismus dem Wesen und vielen anderen Kategorien der Philosophie den Charakter von Scheinproblemen zu, geht von wahrnehmbaren, positiven Tatsachen aus, orientiert sich an Mathematik, Logik und Semantik als Grundmodell der Wissenschaft etc. Das ist ein prinzipieller Unterschied der beiden Positionen. Andererseits besteht in der Marx'schen Theorie ein latenter Positivismus, da in ihr ab und zu der Gedanke eines adäquaten Bewußtseins auftaucht, das den objektiv gegebenen historisch-gesellschaftlichen Prozeß erkenne. (vgl. Schr. 2, 46; 2, 510)

Es ist jedoch möglich, wie einige Forscher behaupten, daß Horkheimer zu diesem Zeitpunkt Marx' Auffassungen nur in beschränktem Maße teilte. Sollte das zutreffen, so ist zu bemerken, daß Horkheimer niemals die Marx'sche Lehre in ihrem ganzen Umfang akzeptierte, sondern sie in vielen Punkten korrigierte. Horkheimer unterscheidet zwischen Marx' Lehre und dem Marxismus, der eine Interpretation dieser Lehre, aber auch ihre Adaptation an die wirtschaftlichen, gesellschaftlichen und kulturellen Verhältnisse des 20. Jahrhunderts darstelle, was seiner Ansicht nach durchaus legitim sei. Im Gegensatz zur marxistischen Orthodoxie, die einen dogmatischen und objektivistisch-deterministischen Marxismus propagierte, ist Horkheimer darauf bedacht, die Marxsche Theorie mit Methoden und Errungenschaften der modernen Soziologie und der Psychoanalyse kreativ zu verbinden. Was den Positivismus betrifft, muß man darauf hinweisen, daß Horkheimer in den nächsten Jahren seine affirmative Einstellung zum Positivismus und Szientismus radikal ändern und vehemente Kritik an ihren Grundpositionen üben wird.

d) Kritik der Philosophie Lenins

Die im Wintersemester 1928/1929 von Horkheimer verfaßte Kritik der Abhandlung Lenins *Materialismus und Empiriokritizismus* ermöglicht, die intellektuelle Entwicklung Horkheimers und besonders seine spezifisch marxistische Grundposition in den späten zwanziger Jahren besser zu verstehen. Horkheimer akzeptiert zwar Lenins These, daß Marx' Theorie letzten Endes unvereinbar sei mit der Philosophie von Mach, Avenarius und deren russischen Schülern (u. a. Bogdanow und Lunatscharski), distanziert sich jedoch von vielen Konzeptionen, die der bolschewistische „Leader" formuliert. So z. B. kritisiert er Lenin wegen seiner Behauptung, daß bei Mach die Realität der Außenwelt aus menschlichen Empfindungen als „Elementen" alles Wirklichen bestehe. Kant und Cornelius, der ihn in die Philosophie von Kant einweihte, hatte Horkheimer zu verdanken, daß er in der Erkenntnistheorie Lenin himmelhoch überlegen war und ihn eines Besseren belehren konnte: Die Entgegenstellung von Erscheinung und Ding, meint Lenin, entspreche dem idealistischen und nichtwissenschaftlichen Denken. Dagegen Hork-

heimer: Was wir in Wirklichkeit wissen, seien nicht die bewußt-
seinstranszendenten Dinge, sondern letztlich immer nur „unsere Empfindungen und ihre funktionale Beziehungen". Alle
Dinge auf der Welt, eingeschlossen die menschlichen Personen,
seien nur Worte, „mittels derer wir veranlaßt werden, an bestimmte Empfindungszusammenhänge zu denken. Auf die
Empfindungen bezieht sich unser ganzes Wissen". (GS 11, 178)
Lenins primitiver Materialismus sei also in seinen Konsequenzen nicht wesentlich besser als der Idealismus der Empiriokriti-
ker.

In zwei weiteren entscheidenden Punkten distanziert sich
Horkheimer von den Leninschen Auffassungen. Erstens von
Lenins These, daß Machs Philosophie, die den Inhalt, den
„Stoff" des Wirklichen auf Empfindungen reduziere, allen Resultaten der modernen Wissenschaften widerspreche. Eine
philosophische Theorie – meint Lenin –, die Realität und
Empfindungen miteinander identifiziert, könne weder das Dasein der materiellen Welt vor der Entstehung des Menschen
noch die Abhängigkeit des Bewußtseins vom physischen Orga-
nismus gelten lassen. Horkheimer weist darauf hin, daß Lenin
hier einen Irrtum begangen habe, weil Mach als Muster eines
Physikers gelten könne, der eine streng wissenschaftliche Theorie entwickelte und überzeugt war, daß „alles Psychische phy-
sisch fundiert und bestimmt sei". Er habe, unter Darwins Einfluß stehend, das ganze psychische Leben als biologische Erscheinung aufgefaßt. Seine Lehre habe keineswegs einen solip-
sistischen Charakter, wie Lenin ihm vorwirft, weil bei ihm
„Ding und Ich provisorische Fiktionen gleicher Art sind" und
er sich ausdrücklich vom paradoxen Subjektivismus der Solip-
sisten distanziere.

Zweitens sei Lenins Abhandlung nur ein Parteibuch, „das
energisch an das materialistische Wort erinnert und die Abweichung verfemt". Immer wieder operiere Lenin mit den gleichen
Sätzen gegen immer neue Autoren, ohne eine sachliche Begründung seiner Argumente zu geben. (Ebd., 183) Horkheimer
macht kein Hehl daraus, daß die Leninsche Ignoranz und Im-
pertinenz ihm auf die Nerven gehe. Das betrifft in erster Linie

die naiv-realistische Abbildtheorie der Erkenntnis, den Aberglauben, daß die Wahrheit in einer Kongruenz von Subjekt und Objekt stehe: Die Materie, d. h. die objektive Realität, werde angeblich „von unseren Empfindungen kopiert, photographiert, abgebildet". Das sei, meint Horkheimer, „ein höchst problematischer und grundsätzlich unprüfbarer Glaube", denn „wir bekommen ja immer nur die Photographien, d. h. unsere Empfindungen, niemals den photographierten Gegenstand unabhängig von ihnen, zu Gesicht". Ob die Wirklichkeit dem Abbild ähnlich sei, lasse sich nicht entscheiden, es sei denn, man gehe von aprioristischen und apodiktischen Voraussetzungen aus, wie das bei Lenin der Fall ist, der den Materialismus mit einer offensichtlichen Unmöglichkeit belaste. Ein an Kant und an der klassischen deutschen Philosophie ausgebildeter Philosoph wie Horkheimer konnte unmöglich die naive Auffassung des Realismus akzeptieren, die den aktiven Charakter des Subjekts und seiner Erkenntnis negiert und dem Materialismus einen mechanistischen und abstrakt-naturwissenschaftlichen Charakter verleiht. Horkheimer postulierte einen aktiven und dialektischen Marxismus, der die tätige und prägende Rolle des Subjekts in der Philosophie und in den Sozialwissenschaften nicht ignoriert und eine Wechselwirkung zwischen Subjekt und Objekt postuliert.

e) Anfänge der bürgerlichen Geschichtsphilosophie

In der 1930 veröffentlichten Studie *Anfänge der bürgerlichen Geschichtsphilosophie* befaßt sich Horkheimer mit den geschichtsphilosophischen Anschauungen von Machiavelli, Hobbes, Morus, Campanella und Vico und benutzt für die Analyse ihrer Konzeptionen die methodischen Prinzipien des historischen Materialismus. Dabei taucht der Name von Marx kein einziges Mal auf, trotz der auf Marx (manchmal auch auf Engels) basierenden Gedankengänge und der ausdrücklich gesellschaftlich-ökonomischen Interpretation der Geschichte im Sinne der Marx'schen Lehre. Diese Abstinenz von einer Methode, die sich ausdrücklich auf den Autor des *Kapitals* und den Marxismus beruft, bildet einen durchgängigen Zug in seinem Denken.

Die Tatsache, daß Horkheimer Marx nur in wenigen Fällen erwähnt, ist keineswegs nur die Folge einer präventiven Abwehr theoretischer oder politischer Angriffe, sondern auch, und manchmal sogar in erster Linie, das Resultat einer prinzipiellen Einstellung, die mehr das Trennende als das Gemeinsame akzentuieren möchte. Diese Einstellung betrifft freilich mehr die im Marxismus herrschende dogmatische Richtung als Marx' Lehre selbst. Abgesehen von naivem Realismus, Abbildtheorie und dem extremen Determinimus in der Geschichtsauffassung der orthodoxen Dogmatiker bestanden noch andere Differenzen zwischen ihnen und dem Begründer der Kritischen Theorie. Horkheimer distanzierte sich immer von dem dogmatischen Anspruch, über ein absolutes Wissen zu verfügen, in dessen Namen alle Mittel gerechtfertigt sind. Er widersetzte sich der These, daß der von Dilthey und Hermann Nohl entdeckte junge und besonders der spätere Hegel eine enorme Bedeutung für die Geschichtsphilosophie habe. In seiner Auffassung der geschichtlichen Bewegung finden sich dagegen nicht wenige Schopenhauersche Motive, von denen die skeptische und pessimistische Betrachtung der Geschichte vielleicht das wichtigste ist. So gab er z. B. mehrmals seiner Überzeugung Ausdruck, daß keine Not der Vergangenheit durch die Gegenwart oder die Zukunft kompensiert werden könne. Unter anderem lesen wir in den *Anfängen:* „Daß die Geschichte eine bessere Geschichte aus einer weniger guten verwirklicht hat, daß sie eine noch bessere in ihrem Verlaufe verwirklichen kann, ist eine Tatsache; aber eine andere Tatsache ist es, daß der Weg der Geschichte über das Leiden und Elend der Individuen führt. Zwischen diesen beiden Tatsachen gibt es eine Reihe von erklärenden Zusammenhängen, aber keinen rechtfertigenden Sinn." (GS 2, 249) In der fast zur selben Zeit verfaßten *Dämmerung. Notizen in Deutschland,* weist Horkheimer darauf hin, daß die Metaphysiker sich nur selten mit den Menschen befassen, und „nur in geringem Maße von dem beeindruckt sind, was sie quält" (Ebd., 354), eine Feststellung, die sehr an Schopenhauer erinnert.

Horkheimer weist darauf hin, daß die von ihm behandelten geschichtsphilosophischen Probleme im Kontext einer sich von den Fesseln des Feudalismus befreienden bürgerlichen Gesellschaft erläutert worden seien, aber nicht nur als historisches Phänomen Bedeutung hätten, sondern in erster Linie im Hinblick auf die Gegenwart dargestellt und erörtert werden müßten (GS 2, 179). Er lehnt die These ab, daß die Charaktere der Menschen als letztes Erklärungsmaterial des Geschichtsprozesses dienen könnten, weil diese psychologische Geschichtsauffassung einen dogmatischen Charakter trage: Sie sehe davon ab, daß die psychische und physische Wirklichkeit des Menschen jeweils in die historische Wirklichkeit einbezogen sei und nicht als statische Größe betrachtet werden könne. (Ebd. 199) Die Lehre, daß zwar die Zeiten sich änderten, aber die charakteristischen Eigenschaften der Menschen die gleichen blieben, sei genauso ein Fehler wie die entgegengesetzte These, daß die Menschen verschiedener Epochen und Kulturen sich radikal voneinander unterschieden und daß wir deswegen nicht imstande seien, diese Kulturen zu begreifen. Beide Behauptungen trügen ahistorischen Charakter: Trotz unterschiedlicher Argumentation führten sie beide dazu, auf jedes Verständnis der Geschichte zu verzichten. Als Repräsentant der psychologischen Auffassung erscheint hier Machiavelli, der in späteren Aufsätzen durch Dilthey ersetzt wird, weil auch er den Prototyp eines Denkers bildet, der bestrebt ist, Geschichte aus dem einheitlichen Seelenleben einer allgemeinen Menschennatur zu begreifen. (GS 3, 66–67)

Produktion, Herrschaftsstruktur, Klassenkampf dienten als Schlüssel, mit deren Hilfe wir imstande seien, das Wesen des Geschichtsprozesses zu dechiffrieren. „Die durch materielle Umstände erzwungene Form der Gesellschaft war bisher die Scheidung in Produktionsleitung und Arbeit, in Herrschende und Beherrschte. Darum muß z. B. der Wille zur Gerechtigkeit im Sinne des sozialen Ausgleichs, d. h. zur Überwindung dieser Gegensätze, einen die bisherigen Zeiten übergreifenden Inhalt des Bewußtseins ausmachen." (GS 2, 203) Diesem Zitat kann man entnehmen, daß für Horkheimer auch der Wille zur Gerechtigkeit und die Ideen, die im materiellen Leben verankert sind, eine exponierte Rolle in der Geschichte spielen. Im Gegensatz zu Hegel, der „die Dialektik nur auf die Vergangenheit angewandt hat" (Ebd. 236), konstruiert Horkheimer einen dialektischen Erkenntisbegriff, der die Gegenwart als Moment einer unabgeschlossenen Geschichte der Menschen begreift und dadurch ermöglicht, die Gerechtigkeit als Abschaffung ungerechter Privilegien und Herstellung von Gleichberechtigung zu definieren. (Ebd. 201) Die dialektische und materialistische Methode der Geschichtsexplikation, die ohne konkret-zeitliche und materielle Untersuchung der historischen Umstände, in denen die verschiedenen Bewußtseinsformen gedeihen und sich entwickeln, nicht zu denken ist, betrachtet „eine einheitliche Ideengeschichte ... die große Zeiträume umspannt" als bloße Konstruktion, deren Gegenstand im Grunde genommen eine Fiktion ist. (Ebd. 234)

f) Ideologiekritik

Horkheimer setzt sich in den *Anfängen* und in dem im selben Jahr (1930) veröffentlichten Aufsatz *Ein neuer Ideologiebegriff?* mit dem Begriff der Ideologie auseinander. Sein Ausgangspunkt ist die Marx'sche Auffassung von Ideologie, die sich auf erkenntnistheoretische und soziologische Analysen ideeller Phänomene stützt. Diese Auffassung setzt sich die Kritik des Bewußtseins der Menschen in einer Gesellschaft zum Ziel, in der antagonistische Klassen existieren, „die untereinander Kämpfe führen". (Schr. 2, 36) Das ideologische Bewußtsein ist ein verkehrtes, weil die Welt, in der die Menschen leben, eine verkehrte ist (Schr. 1, 488), was nichts anderes bedeuten soll, als die historische und gesellschaftliche Abhängigkeit theoretischer Prozesse von den irdischen Umständen: „Wenn in der ganzen Ideologie die Menschen und ihre Verhältnisse wie in einer Camera obscura auf den Kopf gestellt erscheinen, so geht dies Phänomen ... aus ihrem historischen Lebensprozeß hervor." (Schr. 2, 23) Das falsche Bewußtsein ist jedoch nicht einfach eine Irreführung der Volksmassen durch Betrüger

(Priester, Aristokraten, Könige) oder nur eine Täuschung, sondern mehr eine Selbsttäuschung, eine Illusion. Deswegen bezeichnet Marx mehrmals Ideologie als Illusion einer Klasse über sich selbst und über die ideologischen – politischen, ethischen, metaphysischen, religiösen u.a. – Vorstellungen ihrer Zeit. Zugleich räumt Marx ein, daß nicht alle Formen des Bewußtseins ideologischen Charakter aufweisen. Das gelte nicht nur für Naturwissenschaft, Mathematik und formale Logik, sondern auch z.B. für die Idee der Gemeinsamkeit in der bürgerlichen Ideologie, die im Anfang wahr gewesen und erst später, infolge des Antagonismus zwischen der herrschenden und der beherrschten Klasse, zu einer allgemeinen Heuchelei und bewußten Illusion geworden sei. (Schr. 2, 347)

Horkheimer hebt hervor, daß es „gerade das Problem der Ideologie sei", den „Inhalt der religiösen, metaphysischen, moralischen Vorstellungen ... aus der Struktur der betreffenden Gesellschaft zu erklären ... Man kann ... Inhalt und Art der geistigen Verfassung von Menschen nicht verstehen ... ohne Kenntnis der besonderen Stellung der Gruppe, der sie im gesellschaftlichen Produktionsprozeß angehören." (GS 2, 233–234) Auf eine analoge Situation weist er hin, wenn er bemerkt, daß das Problem der Ideologie mit „der Beziehung als falsch erkannter herrschender Vorstellungen auf die geschichtliche Situation" zu identifizieren sei. (Ebd., 234) In seiner Kritik der Hobbes'schen Auffassung der Ideologie betont er, daß man die Ideologie unmöglich auf Lug und Trug oder Gewinn- und Machtsucht reduzieren könne. Die Religion werde von Hobbes irrtümlich als Phantasieausgeburt von raffinierten, habsüchtigen Pfaffen dargestellt, was schon deshalb falsch sei, „weil die Eigenschaften, die z.B. Hobbes als Motive der Priester und Adeligen voraussetzt... seelische Momente sind, die erst durch die bürgerliche Gesellschaft entwickelt werden". (Ebd., 233) In Wirklichkeit, meint Horkheimer, verkörpert Religion „die Gestalt der mittelalterlichen Vernunft", weil in ihr letzten Endes „Erkenntnis und Ideologie ziemlich ungeschieden enthalten sind". (Ebd., 234) Ist die Religion auch kein Erzeugnis des Betrugs, so kann sie doch trotz der in ihr verankerten Motive der

Erkenntnis eine illusionäre Rolle spielen, z. B. durch die von ihr proklamierte Ausgleichung der gesellschaftlichen Unterschiede im Jenseits, im transzendenten Leben. Auf etwas modifizierte Weise wird auch die Naturrechttheorie als Ideologie qualifiziert: ihre Prinzipien seien dem Mittelalter angemessen und würden nicht mit den veränderten Umständen der bürgerlichen Gesellschaft konfrontiert. Die Theoretiker des Naturrechts hielten jedoch an den Prinzipien starr fest und hätten einen geschichtlichen Augenblick zur Ewigkeit gemacht.

Horkheimer macht sich die Aufgabe leichter als sie ist, wenn er auch Hegels politische Philosophie, die die Aufklärung, wie er annimmt, mit Mitteln der Dialektik bekämpfte, als Ideologie stempelt, da Hegel „sie nur auf die Vergangenheit angewandt und sie für seine Position in Gedanken als abgeschlossen angesehen hat". Auf dieser politischen Grundlage komme Hegel zu einer Vergötterung des preußischen vorrevolutionären Staates (Ebd., 236), eine zumindest kontroverse These, wenn man die Forschungen von Dieter Henrich, Karl-Heinz Ilting und Manfred Riedel berücksichtigt. Die kritische Argumentation in Bezug auf Hegels politische Philosophie übernahm Horkheimer von Schopenhauer, den Junghegelianern und Nietzsche, das Motiv der Ideologie in diesem Zusammenhang von Marx.

Eine Mutation der erwähnten Methode zur Entlarvung von ideologischen Motiven ist Horkheimers Argumentation gegen die von Mannheim repräsentierte Wissenssoziologie. Marx wollte die Philosophie in positive Wissenschaft verwandeln, die Wissenssoziologie verfolge „eine *philosophische* Endabsicht", weil sie, durch das Problem der absoluten Wahrheit beunruhigt, sich intensiv mit ihr als Hauptproblem auseinandersetze. „Der stets vertiefte Einblick in den Wandel aller metaphysischen Entscheidungen, mit denen die Menschen das Ganze der Welt zu treffen wähnten, wird selbst zum metaphysischen Verfahren", d. h. zur Ideologie. (GS 2, 276)

Horkheimer weist darauf hin, daß der totale Ideologiebegriff, mit dem Mannheim arbeitet, ihn selber treffe, weil er von einem *Wesen* des Menschen spricht, d. h. mit einer abstrakten, ahistorischen Kategorie operiere: Sein „Mensch" habe immer dasselbe

Wesen, daß alle Individuen aller Zeiten angeblich kennzeichne. (Ebd., 277–279) Mannheims „grundstürzende, alles dynamisch auflösende Wissenssoziologie" basiere also auf einer dogmatischen Metaphysik. Während Marx einen Ideologiebegriff benutzte, der das Ansehen der idealistischen Metaphysik stürzte, möchte Mannheim denselben Begriff so ausweiten, daß er auch auf Marx, aber nicht auf seine eigene Methode zutreffe. Das Resultat dieses Verfahrens sei nicht schwer vorauszusehen: Mannheims Anspruch auf Wahrheit, der auf dem Begriff der Partikularität beruhe, bezeichne nichts anderes als das Verhältnis jedes Standortes zur ewigen Wahrheit. Mannheim behaupte, daß „infolge der Bedingtheit des Sprechenden jede Aussage ihr (sc. der Wahrheit) unangemessen sei. Daß aber die Tatsache der *Seinsgebundenheit* Einfluß auf den Wahrheitsgehalt eines Urteils haben soll, ist gar nicht zu verstehen – warum sollte die Einsicht nicht gerade so seinsgebunden sein wie der Irrtum? Aber die Wissenssoziologie kennzeichnet – wie jede Metaphysik – alle Denkstandorte sub specie aeternitatis, nur daß sie die ewige Wahrheit noch nicht in Besitz genommen zu haben behauptet, sondern sich erst auf dem Wege zu ihrer Eroberung fühlt." (Ebd., 284)

Man kann die Ideologietheorie von Horkheimer auf folgende Weise charakterisieren:

1) Ideologie gehört zu einer Gruppe von Ideen, die sich Einzelne oder religiöse, politische und andere Vereinigungen in einer auf Gegensätzen aufgebauten Gesellschaft bilden. Die Ideologie dient der Verhüllung von Konflikten oder der Sanktionierung von Herrschaftssystemen. Die Apologetik des Bestehenden ist ein wichtiges Motiv in der ideologischen Argumentation.

2) Da die Ideologie in den meisten Fällen zwar ein falsches Bewußtsein ist, aber nicht auf absichtlichem Betrug beruht, gehört es zur Aufgabe des Ideologieforschers, die gesellschaftlichen Quellen des falschen Bewußtseins zu untersuchen und gleichzeitig die psychologischen Mechanismen zu erforschen, die der Ideologie ermöglichen, sich durchzusetzen und akzeptiert zu werden.

3) Horkheimer postuliert die Prüfung der Bewußtseinsinhalte vom Standpunkt der materiell-historischen Bedingungen, was jedoch keineswegs einem globalen Ideologieverdacht gleichkommt. Er unterscheidet nämlich zwischen dem Bewußtsein einer geschichtlichen Bedingtheit und Endlichkeit von Erkenntnis und der Kritik der Ideologie, die dem zu einem bestimmten Zeitpunkt erreichten Stand der Erkenntnis widerspricht, was sich nur durch eine Analyse ihrer gesellschaftlichen Funktion erklären läßt. Den bereits bei Marx wertfreien Begriff einiger Elemente des ideologischen Überbaus baut Horkheimer dahingehend weiter aus, daß er sogar Segmente der Religion enthält und – zwar in einem anderen Bereich – den Unterschied zwischen Wahrheit und Falschheit anders als bei Marx erleuchtet.

4) Nicht nur Ideen sondern auch gewisse Handlungen erfüllen eine ideologische Funktion. So z.B. schreibt er in einem Aufsatz aus dem Jahr 1932: „Alle Verhaltensweisen der Menschen, welche die wahre Natur der auf Gegensätze aufgebauten Gesellschaft verhüllen, sind ideologisch, und die Feststellung, daß philosophische, moralische, religiöse Glaubensakte, wissenschaftliche Theorien, Rechtssätze, kulturelle Insitutionen diese Funktion ausüben, betrifft keineswegs ihren Urheber, sondern die objektive Rolle, die jene Akte in der Gesellschaft spielen." (GS 3, 44) Der ideologische Schein entstehe bei Mitgliedern einer Klassengesellschaft, aber ein ideologischer Apparat zur Überwachung der Gesellschaft setze sich erst in Krisensituationen durch, in denen die Klassenstruktur und die gesellschaftlichen Widersprüche auch dem „durchschnittlichen Auge" offenbar würden und so eine Gefahr für das bestehende Regime entstehe. Als Beispiel wird von Horkheimer der römische Kaiserkult angeführt: „Je mehr das Römische Imperium von sprengenden Tendenzen bedroht war, um so brutaler versuchten die Kaiser, den alten Staatskult zu erneuern und damit das untergrabene Gefühl der Einheit herzustellen." (Ebd., 45) Auch der von Horkheimer beschriebene Askesekult und der sittliche Rigorismus der Reformation kann als Beispiel für eine ideologische Funktion der Handlungsakte dienen.

5) Nicht nur falsche oder verzerrte Meinungen, sondern auch richtige können eine ideologische Funktion ausüben. Immer wieder hebt Horkheimer hervor, daß manche allgemeine Illusionen wahr seien, weil sie den tatsächlichen Zustand wiedergäben. (Ebd., 43–46) So z. B. erfülle die Wissenschaft eine ideologische Funktion, insofern sie „eine die Aufdeckung der wirklichen Krisenursachen hemmende Gestalt bewahrt". Eine andere Art der ideologischen Funktion der Wissenschaft stehe im Zusammenhang mit ihrer mangelnden Klarheit, Ratlosigkeit, ihrer verhüllenden Sprache und vor allem in dem, wovor sie ihre Augen verschließe.

6) Auch der Positivismus (ab und zu auch Szientismus oder Empirismus genannt) erfüllt bei Horkheimer eine ideologische Funktion. Er meint damit die erkenntnistheoretische Generalisierung des modernen Wissenideals, nach dem Wissen auf methodisch kontrollierter Sinneserfahrung und Ablehnung aller Metaphysik und aller Werturteile der Theologie, Moral und Politik beruhe. Seiner Meinung nach erfüllte der alte Positivismus z. B. der französischen Enzyklopädisten eine positive Rolle im Kampf gegen die scholastische Theologie. Das Festhalten an dieser Tradition im Rahmen einer wissenschaftsphilosophischen Selbstreflexion der neuzeitlichen Naturwissenschaft bewirke jedoch den ahistorischen und anachronistischen Charakter des Positivismus. Das positivistische Erkenntnisideal wird deswegen als ideologisches Selbstbewußtsein des disziplinär zersplitterten, naturwissenschaftlich orientierten Wissenschaftsbetriebes qualifiziert. (Ebd., 44–45)

g) Sozialphilosophie und ihre Aufgaben

In seiner Antrittsrede über *Die gegenwärtige Lage der Sozialphilosophie und Aufgaben eines Instituts für Sozialforschung,* bringt Horkheimer seine Vorstellungen über Sozialphilosophie auf einen kurzen Nenner. Als ihr letztes Ziel gilt ihm die philosophische Deutung des Schicksals der Menschen, insofern sie nicht bloß Individuen, sondern Mitglieder einer Gemeinschaft sind. Gemäß dieser Auffassung hat die Sozialphilosophie sich in erster Linie mit Phänomenen zu beschäftigen, die nur im Zusammenhang mit dem gesellschaftlichen Leben der Menschen zu verstehen sind, wie z.B. Staat, Recht, Wirtschaft, Religion, d.h. mit der gesamten materiellen und geistigen Kultur der Menschheit. Auf solche Weise verstandene Sozialphilosophie „hat sich in der Geschichte des klassischen deutschen Idealismus zur entscheidenden philosophischen Aufgabe entwickelt". (GS 3, 20)

Horkheimer mißt in diesem Zusammenhang der Hegelschen Philosophie besondere Bedeutung bei: Sie habe die Frage nach dem Wesen des Individuums dadurch von den Schranken der Introspektion befreit, daß sie diese Problematik mit konkret-historischem Inhalt erfüllte. Dadurch wurde der Hegelsche Idealismus wesentlich eine Sozialphilosophie, d.h. er befaßt sich mit dem philosophischen Verständnis des kollektiven Ganzen, in dem die Menschen leben und das den Boden abgibt für die Schöpfungen der Kultur, oder, mit Horkheimers Worten: „...der Idealismus bei Hegel... ist die Erkenntnis des Sinnes unseres eigenen Seins, nach seinem wahren Wert und Gehalt." (Ebd. 22)

Andererseits übt Horkheimer aber auch scharfe Kritik an Hegel: Seine Geschichtsphilosophie münde in die Lehre, daß der Staat die Verwirklichung der objektiven Freiheit darstelle, was eine Mystifikation des historischen Prozesses bedeute und die Rechtfertigung des Bestehenden zum Ziel habe. Sie tröste die Menschen nicht, sondern versöhne sie mit dem Weltlauf. Noch mehr: Die Auffassung, mit der Hegel die Vergangenheit apologisierte, besitze ihre Relevanz auch für den Lebensprozeß der gegenwärtigen bürgerlichen Gesellschaft. Die zentrale Kategorie der *Rechtsphilosophie* – die Befriedigung der Bedürfnisse – finde ihren Ausdruck in der Willkür: Jeder ist sich Zweck, alles andere ist ihm nichts, was zu den Eigenschaften der modernen Gesellschaft gehöre. In der nachhegelschen Epoche – so Horkheimer – kam es zu erneuten Bemühungen, Sozialphilosophie auf idealistischer Grundlage zu restaurieren. Diese Versuche tendierten zur Annahme einer überpersonalen Sphäre, die sinnerfüllter und substantieller sei als das Dasein des individuellen Menschen. Mit der Hegelschen Sozialphilosophie, hinter deren konkreter Inhaltlichkeit sie weit zurückblieben, hätten sie nur das Moment der „Verklärung" gemein.

Horkheimer fordert eine Sozialforschung, in der materiale Soziologie und Sozialphilosophie sich nicht gegenseitig ausschließen, sondern als philosophische Theorie und einzelwissenschaftliche Praxis dialektisch durchdringen. Er verwirft einerseits aprioristische und unangreifbare philosophische Wahrheiten und Positionen, die die Erfahrungswissenschaften und ihre Errungenschaften ignorieren, und andererseits die für diese Zeit typischen Formen der Soziologie, die nur Tatsachen forschen, sie „in tausend Teilfragen aufsplitternde Einzelerhebungen aufteilen, um schließlich im Chaos des Spezialistentums zu enden". (Ebd., 29) Seinen praktischen Niederschlag findet Horkheimers Forschungsprogramm in einer interdisziplinären Forschungsorganisation, in der der Philosophie die Rolle einer Integrationsinstanz zufällt. Er schlägt als Programm für das Institut vor, „auf Grund aktueller philosophischer Fragestellungen Untersuchungen zu organisieren, zu denen Philosophen, Soziologen, Nationalökonomen, Historiker, Psychologen in dauernder Arbeitsgemeinschaft sich vereinigen und ... ihre aufs Große zielenden philosophischen Fragen an Hand der feinsten wissenschaftlichen Methoden verfolgen". Horkheimer faßte die Sozialphilosophie als materialistische Theorie auf, die durch empirische Forschung befruchtet und ergänzt ist, und gab seiner Überzeugung Ausdruck, daß das Institut seine Energie in mannigfaltiger Weise einsetzen werde, ohne seine interdisziplinären Ziele aus den Augen zu verlieren.

3. Die mittlere Phase der Kritischen Theorie (1932–1941)

Diese Phase in der Entwicklung der Kritischen Theorie deckt sich mit dem Zeitabschnitt, in dem die *Zeitschrift für Sozialforschung* erschien und in ihr die zahlreichen Aufsätze von Horkheimer, die eine große Bedeutung für diese Theorie hatten, u. a. die programmatische Arbeit *Traditionelle und kritische Theo-*

rie. Diese Jahre umfassen auch die Schreckensherrschaft des Nationalsozialismus in Deutschland, den Ausbruch des Zweiten Weltkrieges und den Sieg der Wehrmacht in den ersten Etappen des Krieges, schließlich die Übersiedlung des Instituts für Sozialforschung nach Genf und später nach New York bis zur Übersiedlung Horkheimers nach Kalifornien im April 1941.

In diesen Jahren hatte die breite europäische, später auch die amerikanische Öffentlichkeit anhand ihrer Veröffentlichungen die Möglichkeit, das erreichte historische Selbstbewußtsein der Frankfurter Schule, mit Horkheimer an der Spitze, kennenzulernen.

Horkheimer befaßt sich in dieser Zeit mit Problemen der Geschichtsphilosophie und der Integration der Psychoanalyse in die materialistische Geschichtstheorie. Ein anderes Gebiet seiner intellektuellen Untersuchungen bilden Probleme des philosophischen Materialismus, der Ideologie und Religion. Außerdem setzt er sich bei verschiedenen Gelegenheiten mit dem Neopositivismus und anderen zeitgenössischen philosophischen Strömungen auseinander.

a) Geschichte und Psychologie

Im Essay *Geschichte und Psychologie* (1932) ist der begriffliche Sinn und die materiale Struktur der Geschichte Gegenstand der Untersuchung, wobei Horkheimer die Geschichtsauffassung von Hegel und Marx als Ausgangspunkt für seine eigene Konzeption der Geschichte dient.

Hegels Verdienst sei es, daß er sich über die kontradiktorischen Positionen der empirischen Forschung und der begrifflichen Konstruktion erhebe. Beide Standpunkte seien, isoliert eingenommen, gleichermaßen abstrakt und falsch, und nur eine richtig verstandene vernünftige, dialektische Synthese der beiden bilde die Grundlage für eine konstruktive Auffassung der Geschichte. Hegel, meint Horkheimer „will nicht etwa die empirische Geschichte von einem ihr äußerlichen Gesichtspunkt aus nachträglich deuten oder sie an einem ihr fremden Maßstab messen; sein Vernunftbegriff ist vielmehr so wenig abstrakt, daß

z. B. der Sinn des Moments der Freiheit ... erst durch die bürgerliche Freiheit im Staat, die der Historiker feststellt, vollständig
zu bestimmen ist". (GS 3, 51–52) Hegel entlarve den ideologischen Charakter der liberalen Geschichtsauffassung, die in der
Geschichte eine Verwirklichung des individuellen Strebens von
angeblich vollkommen autonomen Einzelnen sieht. Dagegen
könne sich die philosophische Betrachtung nicht mit der be-
schränkten Erkenntnis der Vielfältigkeit des Geschehens zufrie-
den geben, sondern suche und finde in der Geschichte „eine einheitliche dynamische Struktur", nämlich die sich entfaltende
Idee, die die Dynamik der Geschichte bestimme.

Die Annahme Hegels, daß die Geschichte dem Bereich des
objektiven Geistes angehöre, seine These, daß die Idee sich in
der „Weltgeschichte spiegelt" (Werke 12, 540) und daß die Welt
„die Rechtfertigung Gottes in der Geschichte" sei (Ebd.), be-
grenzten jedoch seine Perspektive des geschichtlichen Prozesses. „Das Hegelsche System" – schreibt Horkheimer in diesem
Zusammenhang – „ist wirklich ein Kreis; ... alles Wesentliche,
was die Zukunft enthalten mag, (ist) bereits in der Wesensbe-
stimmung der Gegenwart vorweggenommen. Das Ende des
Glaubens an die Gegenwart und der Wille zu ihrer radikalen
Veränderung mußte daher notwendig das Hegelsche System,
dem die Geschlossenheit wenigstens in seiner späteren Gestalt
entschieden zu eigen war, als System aufheben, und zwar in einem neuen, mit seinen eigenen Prinzipien nicht zu vereinbaren-
den Sinn." (GS 3, 52) Horkheimer meint hier Hegels Behauptung, daß die philosophische Erkenntnis, im Gegensatz zu seinen eigenen Prinzipien und zu dem kritischen Geist der Dialektik, ihren Abschluß in seinem System finde.

Horkheimer übt Kritik an Hegel auch in bezug auf seine Auffassung der psychologischen Motive in der Geschichtsphilosophie: Bei Hegel seien zwar die Triebe und Leidenschaften der
Menschen der Motor der Geschichte, aber der psychologischen
Struktur der Menschen nachzugehen, sei ihm ganz unwichtig,
weil die eigentliche Macht der Geschichte – der Weltgeist als
ihr immanentes Telos – weder aus der Einzelpsyche noch aus
der Massenpsyche zu verstehen sei.

Entscheidend ist für Horkheimer die Rekonstruktion der Hegelschen Geschichtsauffassung im Sinne der Dialektik und des Materialismus durch Marx und Engels. Er akzeptiert ohne Bedenken die von Hegel geprägte Marx'sche These von der Existenz überindividueller dynamischer Strukturen und Tendenzen in der geschichtlichen Entwicklung und teilt Marx' Kritik an einer in der Geschichte wirkenden selbständigen geistigen Macht. „In der Geschichte" – sagt er – „gibt es keinen von den Menschen unabhängigen Geist" (Ebd., 54). Horkheimer schließt sich der Marx'schen Theorie der Geschichte in ihren Grundprinzipien an und erklärt sich vor allem solidarisch mit der These, daß „die ökonomische Geschichtsauffassung die Wendung von der Metaphysik zur wissenschaftlichen Theorie vollzieht". Nur sie könne „die gesellschaftlichen Spannungen, welche in den geschichtlichen Kämpfen zum Ausdruck kommen und gleichsam das Grundthema der Weltgeschichte bilden" verständlich machen. (Ebd., 56) Horkheimers geschichtsphilosophische Konzeption erscheint somit als materialistische Umdeutung der Geschichtsphilosophie Hegels, die er aber so vornimmt, daß sie als Grundlage für die Integration anderer Wissenschaften, besonders der Psychologie, dienen kann.

Gliedert sich die Geschichte aber nach den differenten Arten, in denen sich der Lebensprozeß der Menschen und der Gesellschaft vollzieht, so sind natürlich nicht psychologische, sondern ökonomische, „materiale" Kategorien entscheidend. Die Psychologie bilde infolgedessen keine Grundwissenschaft, sondern eine unentbehrliche „Hilfswissenschaft" der Geschichtswissenschaft; sie befasse sich mit den Veränderungen der subjektiv-psychischen Struktur unter bestimmten gesellschaftlich-ökonomischen Bedingungen und sei solange unentbehrlich, als diese Bedingungen noch nicht restlos eine Gesellschaft bestimmten. Horkheimer tritt hier gewissermaßen in die Fußstapfen von Fromm, der kurze Zeit vor ihm die Psychoanalyse in den historischen Materialismus integrierte. Fromm ähnlich kritisierte Horkheimer die Überstrapazierung des ökonomischen Motives in der dogmatisch-materialistischen Gesellschaftstheorie, die in den psychischen Akten der Einzelnen immer nur den wirtschaftlichen, durch gesellschaftliche Klassenstruktur bedingten Egoismus sah.

Horkheimers Auffassung ändert auch den Gegenstand der Sozialpsychologie. Sie hat es nun nicht mehr mit einem allgemeinen universalen Menschen zu tun, sondern „in jeder Epoche sind die gesamten in den Individuen entfaltbaren seelischen Kräfte, die Strebungen, welche ihren manuellen und geistigen Leistungen zugrunde liegen, ferner die den gesellschaftlichen und individuellen Lebensprozeß bereichernden seelischen Faktoren zu unterscheiden von den durch die jeweilige gesellschaftliche Gesamtstruktur determinierten und relativ statischen psychischen Verfassungen der Individuen, Gruppen, Klassen, Rassen, Nationen, kurzum von ihren Charakteren". (Ebd. 57)

Horkheimer vertritt die Auffassung, daß der Gegenstand der Psychologie, wie er ihn versteht, in die Geschichte verflochten ist, daß dieser Umstand jedoch keineswegs die Individuen auf bloße Funktionen des ökonomischen Prozesses und der materialen Gesellschaftsverhältnisse reduziere. Die von ihm repräsentierte Theorie lehnt weder die Bedeutung und Tragweite der weltgeschichtlichen Persönlichkeiten noch die Wichtigkeit ihrer psychischen Konstitution ab. Sie verneint auch nicht die Rolle und Wirkung der psychischen Verfassung bei den Angehörigen verschiedener sozialer Gruppen. Der folgende Satz gibt den Schlüsselbegriff der Horkheimerschen Theorie in dieser Zeitperiode wieder: „Die Erkenntnis, daß die Ablösung unterlegener Produktionsweisen durch differenziertere, den Bedürfnissen der Allgemeinheit besser angepaßte, gleichsam das Gerippe der uns interessierenden Geschichte darstellt, ist der zusammenfassende Ausdruck für die menschliche Aktivität."

Diese Aktivität sei, meint Horkheimer, als Lebensprozeß wesentlich auf die „Auseinandersetzung mit der Natur" (Ebd., 57) bezogen, von der, wie er behauptet, „die Kultur abhänge". Horkheimer betont mehrmals seine Anschauung in Beziehung auf die enorme Rolle, die die Auseinandersetzung mit der Natur in seiner Gesellschafts- und Geschichtstheorie spiele. So z.B. in der folgenden Passage: „Die Erkenntnis der realen Zusammenhänge entthront den Geist als autonom die Geschichte gestaltende Macht und setzt die Dialektik zwischen den verschiedenartigen, in der Auseinandersetzung mit der Natur wachsenden menschlichen Kräften und veralteten Gesellschaftsformen als Motor der Geschichte ein. Die ökonomische Geschichtsauffassung vollzieht diese Wendung von der Metaphysik zur wissenschaftlichen Theorie. Nach ihr zwingt die Erhaltung und Erneuerung des gesellschaftlichen Lebens den Menschen jeweils eine bestimmte soziale Gruppenordnung auf." (Ebd., 55)

Bei Marx, auf den Horkheimer sich beruft, ist von ökonomischer Geschichtsauffassung keine Rede. Marx sieht auch nicht in der Auseinandersetzung mit der Natur den entscheidenden Faktor für die Entstehung und Evolution der sozialen Institutionen, sondern formuliert seine Grundgedanken in dieser Sache folgendermaßen: „In der gesellschaftlichen Produktion ihres Lebens gehen die Menschen bestimmte, notwendige, von ihrem Willen unabhängige Verhältnisse ein, Produktionsverhältnisse, die einer bestimmten Entwicklungsstufe ihrer materiellen Produktivkräfte entsprechen. Die Gesamtheit dieser Produktionsverhältnisse bildet die ökonomische Struktur der Gesellschaft, die reale Basis, worauf sich ein juristischer und politischer Überbau erhebt, und welcher bestimmte gesellschaftliche Bewußtseinsformen entsprechen." (MEW 13, 8)

Wie Alfred Schmidt in seiner Monographie *Der Begriff der Natur in der Lehre von Marx* darlegt, hat die Naturauffassung von Marx keinen ontologischen Charakter. Der in ihr zum Ausdruck kommende Materialismus ist vielmehr ein historischer Materialismus. In diesem Naturverständnis ist der dialektische Zusammenhang von Mensch und Natur, von menschlicher Arbeit und Natürlichkeit der hervorstechendste Zug. Es scheint, als ob in der Horkheimer'schen, hegelianisch geprägten Version des Marxismus – in der ab und zu auch Schopenhauer'sche Aspekte zutage treten – die soziale Dimension der geschichtlichen Prozesse zu kurz käme, daß sie sich wesentlich auf Naturbeherrschung und Selbsterhaltung konzentriere, da mit jeder neuen Phase des technischen Systems der Naturbeherrschung auch eine fortschrittlichere gesellschaftliche Organisation erzwungen wird.

Auch in diesem Zusammenhang spielt die Psychologie bei Horkheimer eine beträchtliche Rolle, da sie u. a. das Ziel verfolge, die psychischen Vermittlungen zwischen der ökonomischen und der kulturellen Entwicklung aufzudecken. Daß die Menschen ökonomische Verhältnisse, die ihren Kräften und Bedürfnissen nicht mehr entsprechen, dennoch aufrechterhalten, anstatt sie durch eine rationalere Gesellschaftsorganisation zu ersetzen, ist in Horkheimers Meinung nur dadurch möglich, daß das Handeln sozialer Schichten, besonders der schwächeren, „durch eine das Bewußtsein verfälschende Motorik bestimmt ist". Nicht nur ideologische Machenschaften bilden die Wurzel dieses Phänomens, sondern auch, manchmal sogar in erster Linie, „die psychische Gesamtstruktur dieser Gruppen" (GS 3, 59), die im „Protoplasma" der menschlichen Erlebnisse oder in der Sphäre des Unbewußten gründen. Daher kommt es, daß die Psychologie bei Horkheimer mit Psychoanalyse identisch ist, wobei Freud ausdrücklich erwähnt wird.

Das Ökonomische ist in Horkheimers Geschichtsauffassung das Primäre, Umfassende und Entscheidende, aber die Erkenntnis des Konkreten, die Durchforschung der vermittelnden Hergänge und das Begreifen des Resultats sind nach ihm in hohem Maße von der psychologischen Forschung abhängig. (Ebd., 64–65) Durch seine Ausbildung in der modernen Psychologie hatte er mehr Kenntnisse auf diesem Gebiet als die meisten Forscher aus dem Lager des westlichen Marxismus (Lukacs, Korsch, Bloch, Gramsci u. a.) und, was vielleicht noch wichtiger ist, das nötige Verständnis dafür, wo die Psychologie in den Sozialwissenschaften unterzubringen sei, um ihre Funktion in der Forschung adäquat zu erfüllen. So konnte er auch zur dogmatischen Fassung des Basis-Überbau-Schemas auf Distanz gehen und es in dieser Weise korrigieren, daß bei ihm der subjektive menschliche Faktor eine wesentlich größere Rolle spielte, als das im Marxismus üblich war, und die Psyche (und Psychologie) den „Kitt" bildete, der das ganze Gesellschaftsgebäude zusammenhält.

b) *Dämmerung: Ende der liberalistischen Epoche*

Die 1934 in der Schweiz veröffentlichte *Dämmerung* enthielt Notizen aus den Jahren 1926–1932. Sie beziehen sich kritisch auf die Begriffe Metaphysik, Charakter, Moral, politische Strömungen und Parteien. Der Titel des Buches ist ein Wortzitat aus einem Gedicht von Nikolaus Lenau und wird im ersten gleichbetitelten Aphorismus erklärt. „Dämmerung" bedeute hier das Ende einer Epoche, nämlich des bürgerlich-liberalen Zeitalters, und den Beginn der faschistischen Barbarei nach Hitlers Machtantritt im Januar 1933. Damals war Horkheimer noch nicht ganz pessimistisch, was die eventuellen Entwicklungen in der Zukunft anging, da er hoffte, daß diese Dämmerung nicht unbedingt „die Nacht der Menschheit einzuleiten" brauchte.

Maßstab der Horkheimer'schen Kritik ist in diesen Notizen die aus dem philosophischen Materialismus gewonnene Idee einer rationalen Einrichtung der Gesellschaft, die mit dem Sozialismus identisch ist, zu dem Horkheimer sich in diesem Werk eindeutig bekennt. Seiner Ansicht nach gibt es in der Geschichte keine Gesetze, die notwendig z. B. vom Kapitalismus zum Sozialismus führen. Im besten Falle bestünden im Kapitalismus Tendenzen, die auf einen Umschlag des Systems hintreiben, aber auch dieser Gedanke sei eine pure Hypothese, und das Erfahrungsmaterial, das diese Annahme unterstütze, sei weniger als gering. Eben darum müsse man sich für den Sozialismus engagieren, weil die Ungerechtigkeit und die Verkümmerung menschlicher Anlagen nicht von selbst verschwinden würden: „In Wirklichkeit aber folgt aus der Erklärung, daß Marx und Engels den Sozialismus nicht ‚bewiesen' haben, kein Pessimismus, sondern das Bekenntnis zur Praxis, deren die Theorie bedarf." (GS 2, 342)

In dem Abschnitt *Die Ohnmacht der deutschen Arbeiterklasse* gibt Horkheimer eine historisch-materialistische Analyse der Situation der Arbeiterbewegung in der Weimarer Republik. Seiner Ansicht nach ist die Spaltung der Arbeiterbewegung in die

KPD und die SPD das Resultat veränderter Produktionsverhältnisse: „Zwischen den in Arbeit stehenden und den nur aus-
nahmsweise oder vielmehr gar nicht Beschäftigten gibt es heute
eine ähnliche Kluft wie früher zwischen der gesamten Arbeits-
klasse und dem Lumpenproletariat. Heute ruht der eigentliche
Druck des Elends immer eindeutiger auf einer sozialen Schicht,
deren Mitglieder von der Gesellschaft zu völliger Hoffnungslosigkeit verdammt sind. Arbeit und Elend treten auseinander, sie
werden auf verschiedene Träger verteilt ... Diese unmittelbar
und am dringensten an der Revolution interessierten Arbeitslosen besitzen aber nicht wie das Proletariat der Vorkriegszeit die
Bildungsfähigkeit und Organisierbarkeit, das Klassenbewußtsein und die Zuverlässigkeit der in der Regel doch in den kapitalistischen Betrieb Eingegliederten ... Der kapitalistische Betrieb
hat es also mit sich gebracht, das Interesse am Sozialismus und
die zu seiner Durchführung notwendigen menschlichen Eigenschaften zu trennen ... der Unterschied zwischen den gegenwärtigen Lebensbedingungen des ordentlich bezahlten Arbeiters
und seiner Existenz im Sozialismus erscheint ihm ungewisser
... als die Gefahr von Entlassung, Elend ... Das Leben des Arbeitslosen dagegen ist eine Qual." (Ebd., 375) Von diesen Prä-
missen ausgehend kommt Horkheimer zur Schlußfolgerung,
daß die KPD die Partei der Arbeitslosen sei und in erster Linie
ihre Interessen repräsentiere, während die SPD das Vertrauen
der beschäftigten Arbeiter und besonders der spezialisierten
und besser verdienenden unter ihnen genieße.

Die wachsende Popularität der KPD von 1928 bis 1932 steht
im Zusammenhang mit der sich ausbreitenden Arbeitslosigkeit.
Horkheimer schätzte die Parolen der Arbeitslosen ein als „bloße Wiederholung der Parolen der Kommunistischen Partei".
Die Prinzipien dieser Partei seien nicht ein theoretisch verarbei-
teter Stoff, sondern ein undialektischer Eklektizismus. Hier falle
auf, daß „die Treue zur materialistischen Lehre zum geist- und
inhaltslosen Buchstaben- und Personenkult zu werden droht".
(Ebd., 377f.) Und an anderer Stelle betont Horkheimer, daß,
wo man nicht imstande sei, die Gegner moralisch zu überzeugen, man sie mit „physischer Gewalt zur Räson" bringt. Die

Anwendung der Gewalt durch die Kommunisten sei im allgemeinen das Resultat der Tatsache, daß sie zuwenig Argumente hätten und deswegen bloß auf Autorität verwiesen, und von hier bis zur Gewalt sei kein langer Weg. (Ebd., 378)

Der „Buchstabenkult", d. h. der theoretische und politische Dogmatismus der KPD, paralysierte ihre politische Aktivität. Mit Horkheimers Worten: „Die politische Praxis entbehrt daher auch der Ausnutzung aller gegebenen Möglichkeiten zur Verstärkung der politischen Positionen ..." (Ebd., 376)

Im Gegensatz zum Kommunismus sei die SPD „der reformistische Flügel" der deutschen Arbeiterbewegung, überzeugt, daß man die menschlichen Verhältnisse auch auf kapitalistischem Boden wirksam verbessern könne. Die Führer dieser Partei in erster Linie, aber auch die Mitglieder, suchten mit allen Mitteln ihre Ämter und Posten zu erhalten. Sie hätten Angst vor der Revolution, und das sei auch die Ursache der Verdrängung des Marxismus aus dem Bewußtsein der Arbeiterbewegung. Die Theoretiker und Politiker der Sozialdemokratie verschmierten alle Ideen und Begriffe „mit der gleichen grauen Farbe des Relativismus, Historismus und Soziologismus". (Ebd., 377) Sie seien „Gegner jeder präzisen Theorie" und so wie die Positivisten für die „Anerkennung der Tatsachen", an Stelle „kausaler Erklärungen" benutzten sie „Analogien", und wenn sie manchmal marxistische Begriffe gebrauchen, „werden sie formalisiert und akademisch hergerichtet". (Ebd., 377)

Infolge dieser Analyse kommt Horkheimer zu dem Ergebnis: Die Kommunisten halten zwar die bestehende Gesellschaft für eine schlechte, die man radikal verändern müsse, um sie den Bedürfnissen des Volkes anzupassen, aber es fehlen ihnen die theoretischen und politischen Kenntnisse, um die Revolution vorzubereiten. Die SPD könnte diese Kenntnisse vielleicht beibringen, aber sie ist an revolutionären Änderungen nicht interessiert. Die Aufhebung dieses Zustands in der Theorie hängt nach Horkheimer ebensowenig vom guten Willen ab, wie die Aufhebung der Spaltung der Arbeiterbewegung, weil beide Phänomene letzten Endes durch ökonomische Prozesse bedingt seien. Horkheimer beendet seine Notiz in dieser Sache mit folgenden Worten: „In beiden Parteien existiert ein Teil der Kräfte, von denen die Zukunft der Menschheit abhängt." Man sieht daraus, daß er Ende der zwanziger und Anfang der dreißiger Jahre einerseits die Zukunft der Menschheit in der Realisierung eines demokratischen Sozialismus sah, und andererseits der Meinung war, daß nur die Arbeiterklasse fähig sei, eine neue Welt einzurichten und den Faschismus zu stoppen.

Diese Überzeugung Horkheimers beweisen verschiedene Äußerungen. Zwei von ihnen seien als Beispiele angeführt: 1) In seinem Essay *Die Juden und Europa* (1939) beschäftigt sich Horkheimer mit der Frage, warum der Nationalsozialismus in Deutschland an die Macht kam. Seine Antwort lautet: Weil die deutschen Arbeiter trotz ihrer revolutionären Potenz besiegt wurden. Sie hegten keine große Sympathie für die Parteien, nach dem Verrat von 1914, nach der Ermordung von Liebknecht und Luxemburg, nach der Entwicklung der beiden Arbeiterparteien zu Instrumenten der Bürokratie u.s.w., und verhielten sich im entscheidenden Moment recht passiv und neutral gegenüber den totalitären Kräften. In diesem Zusammenhang schreibt er: „Nach dem (Ersten) Krieg war die Frage praktisch gestellt. Die deutschen Arbeiter besaßen die Qualifikation zur neuen Einrichtung der Welt. Sie wurden besiegt. Die Erinnerung an die vierzehn Jahre (der Weimarer Republik, Z.R.) hat mehr Reize für die Intellektuellen als für das Proletariat." (GS 4, 315)

2) In der *Dämmerung* erklärt Horkheimer wie niemals vorher oder nachher sein Engagement für den Sozialismus. Daß es sich für ihn dabei um einen demokratischen Sozialismus handelt, beweist seine Kritik an einem Modell von Sozialismus, den er als „revolutionäre Despotie" bezeichnet, wobei es vollkommen klar ist, daß er hier die Sowjetunion meint. „Es gibt", schreibt er, „eine aufgeklärte, ja eine revolutionäre Despotie. Über ihren Charakter entscheidet ihr Verhältnis zu den wirklichen Interessen der beherrschten Menschen. Wenn es auch keinen unbedingten Maßstab gibt, nach dem dies in verschiedenen Perioden zu beurteilen wäre ..., so bestimmt sich in der *ganz neueren Zeit* (Hervorhebung im Text) doch ihre soziale Funk-

tion ... dadurch, wieweit ihre Ausübung den Interessen der Allgemeinheit entspricht ... In der Gegenwart beherrscht der Widerspruch zwischen den Lebensinteressen der Menschen und der Aufrechterhaltung der bestehenden Lebensformen die gesamten geschichtlichen Ereignisse. Der Irrationalismus, der die individuellen Interessen bei den Massen durch die Forderung des gedankenlosen Gehorsams und des blinden Opfers verneint, dient heute unbewußt den keineswegs verneinten, besonderen Interesssen der Herrschenden, die vom Bestehenden in seiner alten Gestalt auch weiterhin den Vorteil haben." (GS 3, 203–204)

Für unseren Zusammenhang ist nun der Umstand relevant, daß Horkheimers kritisches Verhältnis zu den beiden großen Parteien der Arbeiterbewegung ihn daran hinderte, sich mit irgendeiner politischen Bewegung zu identifizieren.

c) Religion und Kirche

Ein anderes Thema, das Horkheimer zum Objekt seiner Auseinandersetzung macht, ist die Problematik der Religion und der Kirche, wobei wir hier nur die wesentlichen Ideen der Kritik Horkheimers kurz zusammengefaßt darstellen können. Nach Horkheimer, in seiner Auffassung wahrscheinlich durch Karl Kautsky und Albert Kalthoff beeinflußt, war das Christentum im Anfang eine Religion der Unterdrückten und von der Gesellschaft Ausgestoßenen. Im Laufe der Zeit ändert sich jedoch die gesellschaftliche Funktion und gesellschaftliche Lehre dieser Religion: Sie pervertiert zur Ideologie der Herrschenden und sanktioniert die Unterdrückung und Ausbeutungspraktiken der gesellschaftlich und wirtschaftlich dominierenden Klasse. (GS 2, 333, 337, 350) So z.B. schreibt Horkheimer: „Die Religion der getäuschten Massen im Kapitalismus entspricht ihr jedenfalls." (350)

Die Religion habe vielen Gewalttaten als theologische Begründung gedient. Das letzte skandalöse Beispiel sei der Mißbrauch des Christentums durch Priester verschiedener Länder bei der Ausrottung von Millionen Christen während des Ersten

Weltkrieges. (Ebd., 350f.) Die ethischen Prinzipien des Christentums rechtfertigten den Triebverzicht und vertrösteten die Beherrschten zur Triebbefriedigung auf ein Jenseits. Diese Religion verhindere durch ideologische und kirchliche Sanktionen ein revolutionäres Handeln von seiten der Leidenden. Sie habe sich von ihrer ursprünglichen gesellschaftskritischen Tätigkeit weit entfernt, und statt Ausdruck menschlichen Leids und Protests gegen das bestehende Unrecht zu sein, sei sie zur bürgerlichen Ideologie geworden und „wird als grobe Verklärung der bestehenden Verhältnisse gebraucht" (Ebd., 371), die christliche Kirche wurde „zum bloßen Träger kapitalistischer Moral entarteten religiösen Apparat". (Ebd., 372)

Horkheimers Ansicht nach ist „die Kluft zwischen den moralischen Maßstäben, welche die Europäer seit Einzug des Christentums anerkennen, und dem wirklichen Verhalten dieser Europäer unermeßlich". (Ebd., 411) Er wirft dem Christentum vor, daß es nicht Abhilfe schaffe, wenn Ohnmächtigen Unrecht geschehe, sondern daß die Christen sich selbst an Taten beteiligten, die Not und Verzweiflung vermehrten, daß es ein Unglück sei, in ihre Macht gegeben zu sein und „daß sie bei all dem als ihr göttliches Vorbild Tag für Tag ein Wesen anbeten, daß sich ihrer Überzeugung nach für die Menschheit geopfert hat". (Ebd., 413) Diese Lüge sei charakteristisch für das ganze europäische Leben.

Es liegt auf der Hand, daß Horkheimer in seiner Religionsauffassung von Feuerbach und Marx inspiriert wurde, die die Religion als Ausdruck anthropologischer (Feuerbach) und ökonomischer Entfremdung (Marx) betrachteten, ihre ideologische Funktion beschrieben und – hauptsächlich Marx – auf ihre Verbindung mit den herrschenden Klassen hinwiesen. In diesem Zusammenhang ist es jedoch nicht überflüssig hinzuzufügen, daß Horkheimer in seiner Einschätzung der gesellschaftlichen Funktion der Religion positive Momente gesehen hat, die Marx im allgemeinen ignorierte (mit Ausnahme eines einzigen Satzes: „Das religiöse Elend ist in einem der Ausdruck des wirklichen Elends und in einem die Protestation gegen das wirkliche Elend." (MEW 1, 44) In der *Dämmerung* wird deutlich, wie außerordentlich voraussetzungsvoll seine Aussage über die Rolle der Religion in der Gesellschaft ist: „Eine der wichtigsten Funktionen der Religion besteht darin", schreibt er, „durch ihre Symbolik den gequälten Menschen einen Apparat zur Verfügung zu stellen, mittels dessen sie ihr Leid und ihre Hoffnung ausdrükken. Es wäre die Aufgabe einer anständigen Religionspsychologie, an dieser Funktion das Positive vom Negativen zu unterscheiden, die richtigen menschlichen Gefühle und Vorstellungen von ihrer verfälschenden, aber auch durch sie mitbestimmten ideologischen Form zu trennen." (GS 2, 370) Infolge dieser Einschätzung der Religion, die sich wesentlich von dem pauschalen Urteil von Marx: „Sie (d. h. die Religion, Z. R.) ist das Opium des Volkes" (Schr. 1, 488) unterscheidet und zeigt, daß Horkheimer schon weit über Marx hinaus war, konnte er einräumen, daß sich der religiöse Apparat keineswegs immer auf die Ablenkung von der irdischen Praxis konzentrierte, sondern „selbst die Energien entwickelt, die heute diese Ablenkung entlarven". Das bedeutet, daß die Religion auch den Protest gegen die irdische Ordnung, gegen gesellschaftliche und politische Repression symbolisiert. Dementsprechend betont Horkheimer, daß „die Idee einer dem Irdischen gegenüber unbedingten Gerechtigkeit im Glauben ... enthalten ist". (GS 2, 371)

In zwei Aufsätzen aus dieser Zeit: *Gedanken zur Religion* (1935) und *Zu Theodor Haeckers ‚Der Christ und die Geschichte'* (1936) entwickelt Horkheimer ebenfalls seine Auffassung des Wesens der Religion und ihrer gesellschaftlichen Funktion. Im ersten Aufsatz treffen wir auf folgenden Gedanken: „Aus der Unzufriedenheit mit dem irdischen Schicksal schöpft die Anerkennung eines transzendenten Wesens ihre stärkste Kraft ... In der Religion sind die Wünsche, Sehnsüchte und Anklagen zahlloser Generationen niedergelegt." (GS 3, 326) Die Religion wird hier also als Indikator gesellschaftlicher Verhältnisse und als Projektion der menschlichen Bedürfnisse verstanden: Der Mensch wisse, was für sein Leben wichtig sei und das religiöse Gemüt hebe diese Dinge in den Himmel und mache sie zu Eigenschaften eines Gottes. Der Mensch wünsche sich Gerechtigkeit und deswegen sei „Gerechtigkeit bei Gott";

dann sei „sie aber nicht im selben Grade in der Welt". (GS 4, 98–99)

Im allgemeinen läßt sich feststellen, daß Horkheimers Formulierungen stark an die Auffassung der Junghegelianer Bruno Bauer und Feuerbach erinnern, die jedoch, Marx ähnlich, hauptsächlich die negativen Aspekte der Religion akzentuiert haben. Horkheimers Ansicht nach gewinnt die Religion ursprünglich Zustimmung und Glaubwürdigkeit aus dem auf den Menschen lastenden Leidensdruck, wodurch der Glaube im allgemeinen und der christliche im besonderen auch zum Protest gegen diesen Leidensdruck wurde. Die Religion habe von Anfang an eine gute Aussicht gehabt, eine bedeutende Rolle in der Kultur und Gesellschaft zu spielen. Im Laufe der Zeit aber habe sich die Bestimmung der Religion, Ausdruck der menschlichen konstruktiven Triebe und mobilisierende Energie zu sein, im Christentum in einem Maße verloren, ja sogar verkehrt, daß es zu einer hemmenden Macht geworden sei: „Je mehr aber im Christentum das Walten Gottes mit dem diesseitigen Geschehen in Einklang gebracht wurde, hat sich dieser Sinn der Religion verkehrt. (Es) wird nicht nur das jeweilige irdische Regiment mit dem Scheine göttlicher Gerechtigkeit verklärt, sondern diese selbst auf die faulen Verhältnisse der Wirklichkeit heruntergebracht. Das Christentum hat im gleichen Maße die kulturelle Funktion, Idealen Ausdruck zu verleihen, eingebüßt, wie es zum Bundesgenossen des Staats geworden ist." (GS 3, 326; 4, 99)

Horkheimer übt also Kritik an der christlichen Religion aufgrund politischer, gesellschaftlicher und theologischer Entwicklungen innerhalb dieser Religion und der Kirche und bestreitet infolgedessen ihre Fähigkeit, die gesellschaftliche Wirklichkeit im humanen und fortschrittlichen Geist zu prägen. Widervernünftige, widersprüchliche und ungerechte Verhältnisse bedürften nämlich einer produktiven Kritik am Bestehenden. Dieses kritische Potential zur Veränderung der bestehenden Verhältnisse sei im Christentum durch Konformismus, Opportunismus und Sanktionierung des Bestehenden verloren gegangen. Es sei, meint Horkheimer, eine vergebliche Hoffnung, daß man die Religion erwecken und so lebendig machen könne, wie sie im Anfang war. „Die Solidarität mit dem Elend und das Streben nach einer besseren Welt haben ihr religiöses Gewand abgeworfen ... Die produktive Gestalt der Kritik am Bestehenden ... ist gegenwärtig das Ringen um vernünftigere Formen des gesellschaftlichen Lebens." (GS 3, 327, 326)

Horkheimers Gedanken über die Religion sind fast ausschließlich von seiner Auffassung der Gesellschaft bestimmt. Die Kritik der Religion ist in hohem Maße von der Gesellschaftskritik abhängig, und die Wahl der wichtigsten Aspekte geschieht im Blick auf die kritische Theorie dieser Gesellschaft. Die Kritik der Religion war für Horkheimer eine wichtige, vielleicht sogar notwendige Stufe in der endgültigen Fassung der Kritischen Theorie.

d) Egoismus und Freiheitsbewegung

Horkheimers Aufsatz *Egoismus und Freiheitsbewegung. Zur Anthropologie des bürgerlichen Zeitalters* (1936) befaßt sich mit zwei verschiedenen anthropologischen Konzeptionen, die miteinander konfrontiert werden. Machiavelli repräsentiert die Auffassung, daß der Mensch böse und schlecht ist, nach Thomas Morus hingegen besitzt der Mensch von Natur aus eine gute Anlage. Horkheimer analysiert die wirtschaftlichen und politischen Hintergründe dieser unterschiedlichen Auffassungen. Dabei stellt sich heraus, daß im Grunde genommen beiden Denkarten die Verdammung des Egoismus, ja, des Genusses überhaupt gemeinsam ist.

Sowohl bei der Feststellung der Bosheit der menschlichen Natur, die durch den Staat und die Polizei im Zaume gehalten werden müsse, wie auch bei der entgegengesetzten Auffassung der naturhaften Güte des Menschen, die nur durch die korrupten Verhältnisse gestört sei, bilde die negative Einstellung bezüglich der (egoistischen) Triebregungen die selbstverständliche Basis. Hier werde bereits ein erster grundlegender Widerspruch in der bürgerlich-kapitalistischen Gesellschaft sichtbar, denn die theoretische Disqualifizierung des Egoismus stehe im krassen Widerspruch zur täglichen Praxis der bürgerlichen Gesellschaft, deren Ideologe – Hobbes – den Krieg nach außen wie nach innen als natürlichen Zustand betrachtet habe. Horkheimer äußert in diesem Zusammenhang jedoch seine Meinung, daß dieser Widerspruch dem bürgerlich-kapitalistischen System entgegenkomme, denn Nebeneinander von propagiertem Altruismus und praktiziertem Egoismus ermögliche die Immunisierung der Interessen von privilegierten Gruppen gegen die Ansprüche des allgemeinen Interesses. In dieser Situation wachse das Ansehen und die Autorität des Führers, weil er bei einer Bedrohung des Gesellschaftssystems das Vertrauen der Massen gewinne, wie die Geschichte (Savonarola, Luther, Calvin, Robespierre u. v. a.) immer wieder aufs neue beweise.

Horkheimer weist nach, daß die Hierarchie von Führer und Geführten zu einer Situation führt, in der die Herrschenden Mittel finden, die Hierarchie zu erhalten, besonders dann, wenn bestimmte gesellschaftliche Gruppen materielles Interesse an der Erhaltung ihrer Herrschaft haben. (GS 4, 12–18, 27–35, 42–67)

e) Kritik des Neopositivismus

Ein anderer Aufsatz von Horkheimer, 1937 verfaßt, *Der neueste Angriff auf die Metaphysik,* setzt sich mit dem Neopositivismus auseinander, der in Europa – Österreich ausgenommen – wenig populär war, aber in der anglo-amerikanischen Welt zur beliebtesten philosophischen Modeströmung zählte.

Der gegenwärtige Positivismus pflegt sich auf Locke und Hume zu berufen. Sein Erkenntnis-Ideal ist eine mathematisch formulierte, aus möglichst wenigen Axiomen zu deduzierende Wissenschaft. Er läßt – nicht etwa nur in der Physik, sondern in der Erkenntnis überhaupt – das Subjekt radikal verschwinden, indem er alles Subjektive selbst als Faktum feststellt. Trotz Elend, Repression, Vewirrung, Selbstvernichtung und Vernichtung stellt er unerschütterlich Tatsachen fest, bezeichnet, ordnet, prognostiziert, und ist überzeugt, daß alles eben so ist, wie es ist, und daher auch „in Ordnung". (GS 4, 136–137) Auch die

Gesellschaft soll physikalisch und biologisch erklärt werden, wie es z. B. der Behaviorismus praktiziert. Die Gesellschaft sei bloß ein Inbegriff von Individuen, und deswegen erweise sich der Unterschied zwischen Subjekt und Objekt, zwischen der Erkenntnis und ihrem Gegenstand, zwischen Theorie und Praxis als gar nicht vorhanden, als leere Redensart. Die Metaphysik werde als reiner Unsinn oder im besten Falle als „Dichtung" betrachtet. Da die Metaphysik – romantischer Spiritualismus, Lebensphilosophie, existentiale Phänomenologie – an der geistigen Vorbereitung des nationalsozialistischen Systems in Deutschland beteiligt war, übe der antimetaphysische Neopositivismus einen beträchtlichen Einfluß auf antifaschistische Kreise aus. (Ebd., 112–115)

In Wirklichkeit hätten die positivistischen Urväter eine fortschrittliche Rolle gespielt, während die geistigen Nachkommen, Carnap, Neurath, Schlick, Hahn, Reichenbach u. a., in der Philosophie und in den Sozialwissenschaften eine gesellschaftlich reaktionäre Funktion erfüllten. So habe z. B. David Hume „den Bankrott des konstruktiven Denkens, die Einebnung des Gegensatzes von Subjekt und Objekt, Theorie und Praxis, Denken und Wollen, wohin seine Philosophie des zu Macht gekommenen Bürgertums geführt hat, auch als etwas Negatives empfunden. Bei seinen Nachfolgern ist davon keine Rede mehr, über die Ohnmacht der Vernunft findet sich kein Ausdruck der Trauer. Die Stellungnahme des modernen Empirismus besteht nur noch im Verschweigen." (Ebd., 132) An anderer Stelle weist Horkheimer darauf hin, daß im Wiener Kreis die Auffassung, das Denken sei ein Mittel, mehr über die Welt zu wissen, als man beobachten könne, als „mysteriös" klassifiziert worden sei. „Dieses Prinzip zu beherzigen, ist besonders in einer Welt angezeigt, deren geschmückte Fassade in allen Teilen Einigkeit und Ordnung spiegelt, während in ihrem Inneren der Schrekken wohnt. Alleinherrscher, schlechte Gouverneure kolonialer Provinzen und sadistische Gefängniskommandanten haben sich immer schon Besucher dieser Geistesart gewünscht. Nimmt aber die Wissenschaft als ganze einen solchen Charakter an, verliert das Denken überhaupt den Eigensinn und die

Unbeirrbarkeit, einen Wald von Beobachtungen zu durchdringen und ‚mehr über die Welt zu wissen' als selbst die wohlmeinende Tagespresse, so nehmen sie passiv am allgemeinen Unrecht teil." (Ebd., 127)

Horkheimer kritisiert vehement die fehlende Vermittlung von Fremd- und Selbstwahrnehmung, den verkürzten Erkenntnisbegriff der Naturwissenschaften, die vollkommen fehlende historische Betrachtung, die totale Überschätzung des Logisch-Formalen bei gleichzeitigem Verwerfen des Inhaltlichen, den Verzicht auf die Vernunft als Mittel für die Beherrschung der Natur und der Gesellschaft und das Stillschweigen zu dem Grauen, das die totalitären Nachkommen der reaktionären Elemente des Liberalismus verursacht haben. (GS 4, 120–138) Als Kronzeugen für den Neopositivismus, der eine Indifferenz der Wissenschaft gegenüber Werten proklamiert habe, mobilisiert er sogar Mussolini. Der faschistische Diktator habe sich dessen gerühmt, daß für ihn Werte und Werturteile etwas Überflüssiges seien. „Daß die von ihm geführte Bewegung sich auf kein Programm festgelegt und sich je nach der Sachlage aristokratisch und demokratisch, revolutionär und reaktionär, proletarisch und antiproletarisch, pazifistisch und antipazifistisch genannt hat, begründet nach Mussolini ihren Anspruch, sich ‚unmittelbar von den aktuellsten Richtungen des europäischen Geistes herzuleiten', nämlich von den relativistischen Strömungen" (Ebd., 141), zu denen in erster Linie der Neopositivismus zähle. „Die Gleichgültigkeit gegenüber der Idee in der Theorie ist der Vorbote des Zynismus in der Praxis" – das ist Horkheimers hartes Urteil über den modernen Empirismus.

f) Traditionelle und Kritische Theorie

Die Bezeichnung der Frankfurter Schule als *Kritische Theorie* entstammt dem programmatischen Aufsatz *Traditionelle und kritische Theorie,* den Horkheimer 1937 veröffentlichte. Vorher benutzte er meistens den Terminus *materialistische* Theorie, um seinen eigenen Standpunkt zu charakterisieren. In der *Nega-*

tiven Dialektik bemerkt Adorno, daß Horkheimers *Kritische Theorie* dasjenige am Materialismus zum theoretischen Selbstbewußtsein bringen wollte, „wodurch er von dilettantischen Welterklärungen nicht minder sich abhebt als von der ‚traditionellen Theorie‘ der Wissenschaft". (GS 4, 195) Es handelt sich also bei der neuen Bezeichnung nicht um Verschleierung bzw. Verheimlichung des Materialismus, sondern um seine polemische Weiterentwicklung. Andererseits ist unbestreitbar, daß die neue Formulierung die Abhängigkeit von der Marx'schen Theorie weniger erkennen läßt als die alte Bezeichnung.

Die *Kritische Theorie* konnte sich auf eine lange Reihe von deutschen Philosophen berufen, deren Lehre seit Kant einen kritischen Charakter trug: Den drei berühmten *Kritiken* des Königsberger Philosophen folgten die kritischen Werke Fichtes, Schellings und Hegels. Später interpretierten die Junghegelianer die Lehre ihres Meisters auf kritische Weise: Bruno Brauer bezeichnete seine Theorie als *kritische Kritik* und Karl Marx gab seinem polemischen Werk gegen Bruno Bauer *Die heilige Familie* den ironischen Untertitel *Kritik der kritischen Kritik.* Marx' Hauptwerk *Das Kapital* trug den Untertitel *Kritik der politischen Ökonomie.* Hier stoßen wir auf den unmittelbaren Berührungspunkt der Kritischen Theorie mit Marx' Lehre: Horkheimer weist ausdrücklich darauf hin, daß die von ihm benutzte Formulierung „kritisches Verhalten" weniger im Sinn der idealistischen Philosophie Kants als in dem der „dialektischen Kritik der politischen Ökonomie" zu verstehen sei. (Ebd., 180) Seine Kritische Theorie versteht sich selbst als eine Form des gesellschaftlichen Verhaltens und ist sich ihrer Genese und Aufgabe bewußt. Ihre spezifische Funktion beruhe darauf, die in der bestehenden Gesellschaft herrschenden Regeln – die Trennung zwischen Subjekt und Objekt, zwischen Individuum und Gesellschaft, die Arbeitsteilung, den Gegensatz zwischen der im Individuum angelegten Spontaneität, Zielbewußtheit, Vernünftigkeit und den für die Gesellschaft grundlegenden Beziehungen des Arbeitsprozesses – als etwas Unnatürliches und Vorübergehendes zu erkennen und die Vorbereitungen zu treffen, sie in der Zukunft aufzuheben. Sie sei darauf gerichtet, Mißstände abzustellen, aber sie sei sich dessen bewußt, daß Übelstände mit der ganzen Struktur der bestehenden Gesellschaft verknüpft sind und daß es deswegen wenig Sinn habe, theoretisch wie auch praktisch nur einzelne negative Phänomene zu begreifen und zu entfernen. Sie wolle und müsse die Gesellschaft als Ganzes begreifen, weil sie die Veränderung des Ganzen zum Ziel habe und auf Emanzipation der ganzen Gesellschaft gerichtet sei. (Ebd., 182–183)

Die Kritische Theorie ist sich auch dessen bewußt, daß es ein absolutes Subjekt der Erkenntnis, wie z. B. in Hegels Lehre, gar nicht gibt und daß in der gesellschaftlichen Reflexion Subjekt und Objekt noch nicht identisch sind; ihre Identität wird als dialektischer Prozeß begriffen, der erst in der Zukunft zustandekommt. Diese Behauptung kommt der junghegelianischen These sehr nahe, daß die sich der bestehenden Struktur anpassende Vernunft im Laufe der Zeit sich in eine kritische und revolutionäre verwandele und die Prinzipien der Freiheit und der Volkssouveränität etabliere. (Vgl. z. B. Bruno Bauer, *Die Posaune des jüngsten Gerichts über Hegel, den Atheisten und Antichristen,* Leipzig 1841, 82)

Allerdings bestehen auch Unterschiede zwischen der junghegelianischen Auffassung der kritischen Theorie und der Kritischen Theorie Horkheimers. Bei Bruno Bauer hat die Theorie einen „reinen" Charakter und ist die Folge des bloßen Fortschritts des Selbstbewußtseins, während in Horkheimers Kritischer Theorie das Denken zum kritischen Entwicklungsfaktor einer gesellschaftlich-materiellen Wirklichkeit wird, die ihrerseits die vorwärtstreibenden Tendenzen dieser Theorie prägt. Die Kritische Theorie ist also ein gesellschaftliches Denken und ein organischer Teil des gesellschaftlichen Entwicklungsprozesses, den sie hinsichtlich seiner Tendenzen kritisch reflektiert und beschreibt und zugleich auch mitprägt. „Es gehört ein bestimmtes Interesse dazu, diese Tendenzen zu erfahren und wahrzunehmen." (Ebd., 187) Um ihren kritischen Charakter zu bewahren, müsse die Kritische Theorie sich den Konstitutionszusammenhang mit der materiellen-gesellschaftlichen Wirklichkeit ständig vor Augen halten. (Ebd., 189–191) Für Horkheimers Verständnis wird es zum Wahrheitskriterium der Theorie, daß alles, was in der gesellschaftlichen und historischen Analyse, der methodischen Forschung, der Wahrnehmung, der alltäglichen und der politischen Praxis an Erkenntnissen gewonnen werden kann, der methodischen Überprüfung durch Dialektik, historischen Materialismus, Negativität, Reflexion des Erkenntnisinteresses standhalten kann. Die durch empirische Forschung gewonnenen Fakten werden nicht bloß additiv und statisch in ein theoretisches Ganzes „aufgehoben", sondern sind in wechselseitiger Bewegung zu denken, indem man sich vom Bild einer vernünftigen und „richtigen" Gesellschaft leiten läßt, gegenüber der sich die bestehende Gesellschaft als „unwahr" ausweist. Die Kennzeichnung der Kritischen Theorie als „dialektisch" soll bedeuten, daß sie sich im gesamtgesellschaftlichen Prozeß bewähren muß, was für Horkheimer das entscheidende Kriterium für den Wahrheitsanspruch dieser Theorie darstellt. Im Gegensatz zur idealistischen dialektischen Methode Hegels wird hier jedoch der Akzent vom Subjekt der Theorie auf das Objekt (materielle Produktion, Beziehung der Menschen zur Natur, Klassenverhältnisse u. s. w.) verlagert. Was die Natur betrifft, so zielt die Kritische Theorie auf eine Freiheit des Menschen ab, die identisch ist mit der vernünftigen Beherrschung der Natur in und außer uns.

Horkheimer lehnt ausdrücklich die Marx'sche Lehre ab – die in den zwanziger Jahren von Georg Lukács in *Geschichte und Klassenbewußtsein* erneut formuliert wurde –, daß die Einheit von Subjekt und Objekt der Geschichte, von Theorie und gesellschaftlicher Praxis im revolutionären Klassenbewußtsein des Proletariats erreicht sei (was zur indirekten Folge habe, daß ein mit dem Proletariat bzw. mit der Kommunistischen Partei liierter Wissenschaftler auch im Besitz der „richtigen" Theorie ist). Seiner Ansicht nach bildet die Situation des Proletariats in der bürgerlichen Gesellschaft keine Garantie für richtige Erkenntnis: „Das Denken, der Aufbau der Theorie, bliebe eine Sache, und sein Gegenstand, das Proletariat, eine andere" (Ebd., 189), weil das Bewußtsein des Proletariats kein wahres Bild seines Daseins und seiner Interessen gebe. Horkheimers Skepsis hinsichtlich der Entwicklung eines proletarischen Klassenbewußtseins war die Folge seiner Erfahrungen aus Faschismus und Stalinismus sowie der amerikanischen Kulturindustrie mit ihrer Nivellierung der kritischen Vernunft.

Der kritische Theoretiker möchte zwar seine geistige Energie den beherrschten Klassen zur Verfügung stellen, aber er sieht seine Funktion nicht in der Beschreibung des Klassenbewußtseins, sondern in der Darstellung der gesellschaftlichen Widersprüche in der konkreten geschichtlichen Situation und, was noch wichtiger ist, als stimulierender Faktor bei der Veränderung dieser Situation. Gerade weil die Theorie *kritisch* ist, muß sie ein kritisches Verhältnis auch zur beherrschten Klasse haben, um ihre Autonomie gegenüber *jeder* Form des gesellschaftlichen Bewußtseins zu wahren. Ihr kritisches Verhältnis zum gesellschaftlichen Ganzen bestehe nicht in Werturteilen zusätzlich zu den theoretischen Erklärungen, sondern sei den theoretischen Kategorien von Marx: Klasse, Ausbeutung, Mehrwert, Profit, Krise, Zusammenbruch etc. bereits immanent. (Ebd., 191–192) Was hier auffällt, ist der Umstand, daß Horkheimer weniger die Gemeinsamkeit der Ziele als vielmehr die Spannung und den eventuellen Konflikt zwischen „den fortgeschrittenen Teilen der Klasse" einerseits und „den Individuen, welche die Wahrheit über sie aussprechen" andererseits betont (Ebd., 189), wie auch auf die „Auseinandersetzung zwischen diesen fortgeschrittenen Teilen mitsamt ihren Theoretikern und der übrigen Klasse" hinweist. Die Spannung zwischen der Kritischen Theorie und den gesellschaftlichen Kräften, die an einer Emanzipation interessiert sind, tritt in der Beschreibung der Person des Theoretikers deutlich zutage. „Seine Kritik ist agressiv nicht bloß gegenüber den bewußten Apologeten des Bestehenden, sondern ebensosehr gegenüber ablenkenden, konformistischen oder utopistischen Tendenzen in den eigenen Reihen." (Ebd., 190) Diese Formulierung erinnert an Marx' und Engels' Angriffe gegen die Theoretiker „aus den eigenen Reihen" im dritten Teil des *Kommunistischen Manifestes* gegen den utopischen, ablenkenden, metaphysisch-idealistischen Charakter ihrer Bestrebungen. Horkheimers „Assoziation freier Menschen" hat übrigens ihren Ursprung in diesem programmatischen Aufsatz. (vgl. Schr. 2, 843)

Die Kritische Theorie ist keine Theorie der „freischwebenden Intelligenz" im Sinne von Max Weber oder Karl Mannheim, da ihre Autonomie sie nicht daran hindert, die Emanzipation der beherrschten Klassen zu propagieren, um eine Assoziation von freien Menschen zu etablieren. Im *Nachtrag* zu seinem Aufsatz beschreibt Horkheimer die Ziele der Kritischen Theorie: „Die kritische Theorie dagegen, die das Glück aller Individuen zum Ziel hat, verträgt sich, anders als die wissenschaftlichen Diener der autoritären Staaten, nicht mit dem Fortbestand des Elends. Die Selbstanschauung der Vernunft, die für die alte Philosophie die höchste Stufe des Glücks bildete, ist im neueren Denken in den materialistischen Begriff der freien, sich selbst bestimmenden Gesellschaft umgeschlagen; vom Idealismus bleibt dabei übrig, daß die Möglichkeiten des Menschen noch andere sind, als im heute Bestehenden aufzugehen, anders als die Akkumulation von Macht und Profit." (GS 4, 221) An anderer Stelle bezeichnet Horkheimer die künftige Gesellschaft, die er anstrebt, als „Assoziation freier Menschen, bei der jeder die gleiche Möglichkeit hat, sich zu entfalten". (Ebd., 193)

Horkheimer konfrontiert die Kritische Theorie mit der traditionellen Auffassung der Theorie. Bereits in der *Dämmerung* weist er darauf hin, daß im Begriffsapparat der verschiedenen gesellschaftlichen Theorien unterschiedliche Interessen, Präferenzen und Werte am Werk seien: „Theorien entspringen den Interessen der Menschen. Dies bedeutet nicht, daß die Interessen das Bewußtsein verfälschen müßten; die Theorien werden sich vielmehr gerade dann, wenn sie richtig sind, nach den Fragen richten, auf die sie Antwort geben. Je nachdem, was uns in der Welt quält und was wir ändern wollen, wird sich das Bild gestalten, das wir uns von ihr machen." (GS 2, 434) Dieser kritische Begriff der Theorie resultiert aus der Anschauung, daß die wissenschaftliche Theorie im Zusammenhang mit einer bestimmten gesellschaftlichen und individuellen Praxis steht. Diese Erkenntnis ist, für Horkheimer, in der Marx'schen These von der Einheit von Theorie und Praxis enthalten. Diesem Umstand entsprechend gewinne das erkenntnistheoretische gesellschaftliche Denken erst im Zusammenhang mit dem Kampf um die „freie Entfaltung der Menschen und der Gerechtigkeit" ihre Bedeutung. (Ebd.) Losgelöst von aller Not, Hoffnung und Emanzipation der Menschen hätten auch die wahrsten Gedanken keinen Wert.

Den Wissenschaften liegt seit dem 17. Jahrhundert ein Begriff der Theorie zugrunde, den Horkheimer als den „traditionellen" bezeichnet und der in vielen seinen Eigenschaften das Gegenteil der Kritischen Theorie darstellt. Dieser traditionelle Begriff bestehe darin, daß die Prinzipien und die von ihnen abgeleiteten Sätze der Wissenschaft mit tatsächlichen Ereignissen zusammenstimmen. Die nach diesem Theoriebegriff operierenden Forscher beginnen bei den einfachsten und am leichtesten zu erkennenden Gegenständen, um nach und nach bis zur Erkenntnis der am meisten zusammengesetzten aufzusteigen. Auf diese Weise erschließt sich die Ordnung der Welt in einem deduktiven gedanklichen Zusammenhang. In dieser traditionellen Vorstellung von Wissen fungiert Theorie als selbständiger Faktor, als eigene abgelöste und abstrakte Sphäre. Sie negiert die Geschichtlichkeit, nimmt die wesentliche Unveränderlichkeit des Verhältnisses von Subjekt, Theorie und Gegenstand an und scheidet undialektisch zwischen Theorie und gesellschaftlicher Praxis. Dadurch gewinnt sie ideologischen Charakter. Solche Theorie werde infolgedessen nur „zum Rad eines Mechanismus, der sich im Gang befindet", d. h. zur Funktion der bestehenden Gesellschaft, die sie wissenschaftlich sanktioniere. Mit Horkheimers Worten: „Die Menschen erneuern durch ihre eigene Arbeit eine Realität, die sie in steigendem Maß versklavt." (GS 4, 162–164; 171–175; 177 f.; 184–187)

4. Die reife Kritische Theorie (1941–1949)

In dieser Phase seiner intellektuellen Tätigkeit veröffentlicht Horkheimer unter anderem seine Studie über den autoritären Staat, eine Abhandlung *Vernunft und Selbsterhaltung,* die zusammen mit Adorno verfaßte *Dialektik der Aufklärung,* das wichtigste Dokument der Kritischen Theorie, und die *Kritik der instrumentellen Vernunft,* in Amerika unter dem Originaltitel *Eclipse of Reason* bekannt. Diese Zeitspanne umfaßt Horkheimers Aufenthalt in Kalifornien bis zu seiner Rückkehr nach Frankfurt im Februar 1950.

Die grausame Erfahrung von Nationalsozialismus und Stalinismus und, zusätzlich, der nivellierenden modernen Massengesellschaft löste eine bedeutsame Umgestaltung der Kritischen Theorie aus. Die materialistisch-dialektisch-kritische Theorie der Gesellschaft im allgemeinen, der kapitalistisch-bürgerlichen Gesellschaft im besonderen, verwandelte sich in eine allgemeine Kritik der Kultur und Herrschaft, die in vielen Fällen bis zu den Anfängen der Gesellschaft, um nicht zu sagen des Menschengeschlechts, zurückgreift. Die Kritische Theorie beschäftigt sich dementsprechend mit der Entlarvung des totalitären Charakters des Faschismus und Kommunismus und der antihumanen Tendenzen der instrumentellen bzw. subjektiven Vernunft, der Massenkultur und des Antisemitismus.

a) Der autoritäre Staat

In den Jahren 1939–1942 wurden von Mitgliedern des Instituts Studien über den Faschismus allgemein und insbesondere über den Nationalsozialismus durchgeführt. Horkheimers Abhandlung *Autoritärer Staat* (1940 verfaßt, später korrigiert und 1942 in der hektographierten Walter-Benjamin-Gedächtnisschrift des Instituts veröffentlicht) gehört zu diesen Studien. Er gibt hier seiner Ansicht Ausdruck, daß die Wirtschaft in zunehmende Abhängigkeit von den Trusts und noch viel mehr vom Staat gerate. Die Sphäre der Zirkulation, das Traumland der Klein- und Mittelbourgeoisie, werde immer mehr eingeschränkt und letzten Endes verschwinden.

In dieser Angelegenheit und in seiner Staatstheorie überhaupt stand Horkheimer unter dem Einfluß der Staatskapitalismus-Theorie von Friedrich Pollock. Diese Theorie weicht in entscheidenden Punkten von der traditionellen marxistischen Konzeption des Monopolkapitalismus als letzter Phase des Kapitalismus ab. Sie prognostiziert den allmählichen Schwund der Konkurrenz und des freien Marktes und infolgedessen der zu Krisen führenden Mißverhältnisse in der Produktion und Distribution. Das staatliche Plansystem übernehme die „Kontrollfunktion des Ausgleichs zwischen Produktion und Verteilung", die in der Vergangenheit der Markt indirekt ausübte; „mit dem autonomen Markt verschwinden die sogenannten Wirtschaftsgesetze". Die staatliche Kontrolle über die Ökonomie werde gelenkt durch eine neue herrschende Gruppe, die aus der Verschmelzung von staatlicher, militärischer, parteilicher und industrieller Bürokratie entstehe. Durch die Trennung von nominell-juristischem Eigentum an Produktionsmitteln und der tatsächlichen Verfügungsgewalt über sie verwandle sich die staatliche Verwaltung in die staatliche Massenbeherrschung von seiten der neuen herrschenden Klasse. (Vgl. F. Pollock, 83) Als Resultat dieser Analyse Pollocks ergibt sich ein Primat der Politik im Staatskapitalismus, eine These, welche die Marx'sche Theorie des Primats der Ökonomie antiquiert.

Horkheimer war der Meinung, daß der liberale Staat durch den autoritären Staat mit einer von ihm kontrollierten Wirtschaft abgelöst werde. In dieser historisch bedingten Ablösung des Liberalismus und der Etablierung einer Herrschaft der Büro- und Technokratie, die sich aus der staatlichen Verwaltung und den Managern der Wirtschaft und der Parteien rekrutiere, sah er ein universales Ereignis. Die Parteien der Arbeiterbewegung und die Gewerkschaften förderten bereits eine „Idee der Vergesellschaftung, die von der Verstaatlichung, Nationalisierung, Sozialisierung im Staatskapitalismus kaum verschieden war". (GS 5, 295)

Die monopolisierte Industrie, die die Aktionäre zu Opfern bzw. zu Parasiten mache, stelle der Wirtschaftsspitze nicht nur die Produktionsmittel zur Verfügung, sondern auch die Kontrolle über die Produzenten. Auf ähnliche Weise funktioniere der politische Apparat, in dessen Händen die Überwachung der ganzen Bevölkerung liege. Aber nicht nur der Faschismus verkörpere den autoritären Staat, auch die Gesellschaft des „integralen Etatismus", ein von Horkheimer für den Sowjetkommunismus geschmiedeter Terminus (Ebd., 296), sei ähnlich beschaffen. Die proletarische Revolution, die im Grunde genommen eine Revolution der Partei gewesen sei, habe bislang nicht die Freiheit realisiert, sondern „spiegelt den Zustand, den sie angreift, negativ wider". (Ebd., 297–298)

Diese Entwicklung sei eigentlich unvermeidlich, nachdem sich herausgestellt habe, daß in der Französischen Revolution eine starke autoritäre und totalitäre Tendenz vorhanden war: „Die Richtung auf den totalitären Staat war den radikalen Parteien in der bürgerlichen Ära seit jeher vorgezeichnet. In der französischen Revolution erscheint die spätere Geschichte zusammengedrängt. Robespierre ... hatte die Funktionen der Verwaltung und Beherrschung in der jakobinischen Parteileitung vereinigt. Der Staat regulierte die Wirtschaft. Die Volksgemeinschaft durchsetzte alle Lebensformen mit Brüderlichkeit und Denunziation ... Die französische Revolution war der Tendenz nach totalitär." (Ebd., 299)

Noch schlimmer sieht Horkheimers Prognose der zukünftigen Gesellschaft aus. Es stelle sich heraus, daß sich auch in den demokratischen Ländern ähnliche Verhältnisse bildeten wie in den totalitären Staaten. Die herrschenden Kreise „halten die Masse, die sie versorgen, in strenger Zucht, schließen sie gegen unkontrollierten Zuzug hermetisch ab, dulden Spontaneität bloß als Ergebnis ihrer eigenen Mache". (Ebd., 296) Nicht der Faschismus, sondern der integrale Etatismus oder der Staatssozialismus „ist die konsequenteste Art des autoritären Staates, der aus jeder Abhängigkeit vom privaten Kapital sich befreit hat". (Ebd., 300) Die faschistischen Länder, in denen der Staat noch einigermaßen vom Privatkapital abhängig sei, da der Profit großenteils an die Kapital- und Grundbesitzer fließe, bildeten eine Mischform, die sich nicht lange halten könne. In der Zukunft, gibt Horkheimer zu verstehen, werde der Staatssozialismus sowjetischer Prägung den Faschismus ablösen. Der integrale Etatismus beende Macht- und Fraktionskämpfe und bereite jedem Element einer noch nicht ganz verwalteten Welt ein Ende. In allen seinen Varianten sei der autoritäre Staat repressiv. Jeder, der aus irgendeinem Grunde in Ungnade gefallen ist, werde ins Konzentrationslager geraten: „Nur im Anfang kommen die meisten Opfer des Polizeiapparates aus der unterlegenen Massenpartei. Später strömt das vergossene Blut aus dem geeinten Volk zusammen. Die Auslese, die man in den Lagern konzentriert, wird immer zufälliger. Ob die Menge der Insassen jeweils wächst oder abnimmt, ja ob man es sich zeitweise leisten kann, die leeren Plätze der Ermordeten gar nicht wieder zu belegen, eigentlich könnte jeder im Lager sein. Die Tat, die hineinführt, begeht jeder in Gedanken jeden Tag. Im Faschismus träumen alle den Führermord und marschieren in Reih und Glied." (Ebd., 302–303)

Horkheimer kam immer mehr zur Überzeugung, daß der marxistische Glaube, hinter der Theorie stünden die Massen, „bankerott" sei. Die Einordnung in die Kollektivität, die Solidarität mit dem großen Führer und mit der Weltgeschichte gehörten zum Traum der Philister. Kein anderer als Nietzsche habe diese Gesellschaftsharmonie des organisierten Zuchthauses verachtet und mit scharfen Worten gebrandmarkt. (Ebd., 313) Nicht zufällig taucht hier Nietzsches Name auf. Erstens entwikkelt Horkheimer eine Kritik der technischen Rationalität, die auch den Sozialismus trifft. Damit verschob sich die Kritik seiner Totalitarismusanalyse von der traditionellen marxistischen Kritik des Monopolkapitalismus als letzter Stufe des Kapitalismus zu einer allgemeinen Kritik der Technik und der Vernunft, die neue Gesichtspunkte ermöglichte, welche in der Kritischen Theorie früher nicht vorhanden waren. Zweitens rückt Horkheimer, worauf bereits Habermas hinwies, von der materialistischen Geschichtsauffassung ab und nähert sich der utopischen und eschatologischen Hoffnung Walter Benjamins, daß es letzten Endes trotz aller Unterdrückung und allen Unheils – oder vielleicht eben deshalb – zur Emanzipation der Menschheit kommen werde: „Die revolutionäre Hoffnung hat keine Verankerung in der Welt mehr, sie ist im schlechten Sinne utopisch, jedenfalls ortlos geworden. Die Hoffnung auf eine dialektische Spannung ist entleert … Nicht mehr Marx weist den Weg, sondern Nietzsche. Nicht die historisch gesättigte Gesellschaftstheorie, sondern eine radikale, die Verschwisterung von

Vernunft und Herrschaft denunzierende Vernunftskritik muß erklären, warum die Menschheit, ,anstatt in einen wahren menschlichen Zustand einzutreten, in eine neue Art von Barbarei versinkt'." (Schmidt/Altwicker, 168)

Formulierungen wie z.B.: „Die Möglichkeit heute ist nicht geringer als die Verzweiflung", „Das Entsetzen in der Erwartung einer autoritären Weltperiode verhindert nicht den Widerstand", „Die Gefolgschaften bilden schon heute für den autoritären Staat keine geringere Gefahr als die freien Arbeiter für den Liberalismus", „Der Vereinzelte aber, der von keiner Macht berufen ist, hat auch keinen Ruhm zu erwarten. Dennoch ist er eine Macht, weil alle vereinzelt sind", „Die ohnmächtige Äußerung im totalitären Staat ist bedrohlicher als die eindrucksvollste Parteikundgebung unter Wilhelm II", usw. usw. (GS 5, 313–315) sind Beweis dieser veränderten Einstellung.

Horkheimer, der sich in der Vergangenheit immer bemühte, wissenschaftliche Formulierungen für seinen Materialismus und seine dialektische Logik zu finden, fühlte sich ungemütlich in der neuen Situation. Einerseits gab er seiner Überzeugung Ausdruck, daß der Etatismus und Totalitarismus das unvermeidliche Schicksal der Menschheit sei. Andererseits ließ sich seine abstrakte Hoffnung auf Befreiung von Repression und auf schlußendliche Etablierung eines menschenwürdigen Gesellschaftssystems nicht organisch und lückenlos in seine veränderte Konzeption des geschichtlichen Fortschritts einordnen und erschien wie ein *deus ex machina*. In einem Brief an Adorno erwähnt er selbst die aporetische Struktur seiner Ideen und meint: „Wir (haben) diese positiven Formulierungen, an deren Schwäche auch der Schluß der Arbeit über den autoritären Staat krankt, uns eben noch erst zu erarbeiten." (Brief vom 21.6.1941, HA; vgl. auch Wiggershaus, 316)

b) Vernunft und Selbsterhaltung

In seinem Essay *Vernunft und Selbsterhaltung* (1942) vertritt Horkheimer die Meinung, daß von der Vernunft, die in der Vergangenheit eine dominierende Rolle in der Philosophie und im geistigen Leben gespielt habe, heutzutage nicht mehr viel übriggeblieben sei: Skeptizismus, Pragmatismus und Positivismus hätten den Begriff der Vernunft systematisch abgebaut. Keine der Kategorien des Rationalismus habe überlebt. Dem Szientismus gelten Geist, Wille, Endursache u. s. w. als Trugbilder und Gespenster. Doch nicht nur der Begriff der Vernunft sei passé, sondern mit ihm auch die Prinzipien der Französischen Revolution. Demnach habe es „wenig Wert, in humanitären Reden und Pamphleten Freiheit und Menschenwürde, selbst Wahrheit ins Feld zu führen". (GS 5, 322) Wer mit diesen Prinzipien und Argumenten operiere, erwecke den Eindruck, daß ihm sachliche Gründe fehlen, oder daß er sie verheimlichen möchte.

In der frühen Kritischen Theorie sieht Horkheimer eine Möglichkeit gesellschaftlicher Veränderungen, unter anderem infolge der großen Hoffnung, der er in der *Traditionellen und kritischen Theorie* Ausdruck gibt: daß, „solange das Denken nicht endgültig gesiegt hat, es sich nicht im Schatten einer Macht geborgen fühlen kann". Es erfordere Unabhängigkeit, denn das Ziel einer vernünftigen Gesellschaft, das heute freilich nur in der Vernunft existiere, sei in jedem Menschen wirklich angelegt. Anhand der Abhandlung von 1942 muß man die Schlußfolgerung ziehen, daß er nicht mehr an die Einlösung seiner hoffnungsvollen Prognosen glaubte: Der Sieg des Totalitarismus, des Faschismus und des stalinistischen Kommunismus, die Integration des Proletariats und der Massen in die faschistische Gesellschaft wie auch in des bürgerliche des Westens, das Fehlen eines Adressaten der Theorie, dies alles deutete darauf hin, daß die frühere Kritische Theorie ein Fehlschlag war.

Horkheimers Erklärungen für das Fiasko der Vernunft sind plausibel, verhüllen aber nur den aporetischen Charakter seiner Vernunftauffassung. Der Begriff der Vernunft verändere sich; sei sie bisher in ihrem Wesen die geistige Fähigkeit gewesen, die Welt zu begreifen und zu erklären, um eine neue Gesellschaft freier Menschen zu bilden, so werde sie nun, infolge der neuen Bedingungen, zur instrumentellen Vernunft, die im Dienste der Selbsterhaltung des Individuums stehe. Unter den neuen Lebensbedingungen der technischen Zivilisation werde sie zum

Instrument der Kalkulation und des Business und zur Fähigkeit, sich der gesellschaftlichen und wirtschaftlichen Umgebung optimal anzupassen: „Verflogen sind die Thesen der rationalistischen Metaphysik, geblieben ist das zweckgerichtete Verhalten … Ihre (der Vernunft, Z. R.) Bestimmungen, in eine zusammengefaßt, sind die optimale Anpassung der Mittel an den Zweck, das Denken als arbeitssparende Funktion. Sie ist ein Instrument, hat den Vorteil im Auge, Kälte und Nüchternheit als Tugenden." (Ebd., 323)

Die Selbstzerstörung der Vernunft durch ihre Formalisierung, Instrumentalisierung und Subjektivisierung hat zur Folge, daß auch Horkheimers Theorie, die vom Standpunkt dieser Vernunft aus die neue, instrumentelle Vernunft kritisiert, ihren Charakter und ihr Wesen ändert. Sie kann ihre Ideen der Befreiung der Menschen und der Humanität in einer Gesellschaft, in der die Vernunft zum bloßen Instrument der Selbsterhaltung verkommen ist, nicht mehr in die Praxis umsetzen. Sie wird zum Ausdruck der Ohnmacht und der Utopie. Horkheimer gibt in dieser Situation, wie bereits erwähnt, seinen Begriff des Fortschritts auf, den er sich aufgrund der Marx'schen Interpretation von Hegels Lehre gebildet hatte. Es verwundert deshalb nicht, daß er seinen Aufsatz mit dem folgenden Satz beendet: „Am Ende des Fortschritts der sich selbst aufhebenden Vernunft bleibt ihr nichts mehr übrig, als der Rückfall in Barbarei oder in den Anfang der Geschichte." (Ebd., 350)

Da der nominalistisch entleerte Begriff der Vernunft und das Prinzip der Selbsterhaltung die Kennzeichen des Individuums der spätbürgerlichen Gesellschaft bildeten (Ebd., 328–329), würden alle Verbindungen zwischen den einzelnen und der Gesellschaft durchschnitten und alle Vermittlungen zwischen Individuum und Gesellschaft beseitigt.

Der Zerfall der Vernunft werde vom Faschismus unterstützt und beschleunigt. (Ebd., 320) Am Ende behielten die Menschen als rationale Form der Selbsterhaltung die freiwillige Fügsamkeit übrig. Durch sie verliere das Individuum im totalitären Staat seine Freiheit. „Die Autonomie des Individuums entfaltet sich zu dessen Heteronomie." Die nationalsozialistische Ordnung bezeichne einen entscheidenden Schritt in der Transformation der bürgerlichen Herrschaft und in der Etablierung einer unvermittelten diktatorischen Herrschaft eines Rackets, d. h. einer Gruppe, die durch wirtschaftliche Monopole die ihr verliehene Macht gewalttätig ausübt, um diese zu erhalten und zu vermehren.

Das nationalsozialistische Regime falle aus der allgemeinen Entwicklung nicht heraus. In ihr offenbare sich der zerstörerische Charakter der in der westlichen Zivilisation herrschenden instrumentellen Vernunft: „Die neue, die faschistische Ordnung ist die Vernunft, in der Vernunft selber als Unvernunft sich enthüllt." (Ebd., 348) Horkheimer stellte sich der Auffassung entgegen, daß es sich bei der nationalsozialistischen Herrschaft nur um eine Diktatur von Gangstern handle. „Nicht einbrechende Gangster", schreibt er, „haben in Deutschland die Herrschaft über die Gesellschaft sich angemaßt, sondern die gesellschaftliche Herrschaft geht aus ihrem eigenen ökonomischen Prinzip heraus in die Gangsterherrschaft über." (Ebd., 332) Dieser Gedanke weist darauf hin, daß man die Gangsterherrschaft der Nazis viel ernster nehmen sollte, als das im allgemeinen geschah. Die nationalsozialistischen Herrscher seien zwar *auch* Gangster, aber *nicht nur* Gangster, sie seien zugleich auch skrupellose Politiker, die sich den Tendenzen der wirtschaftlich-gesellschaftlichen Entwicklung anpaßten und das Vertrauen der Monopole genössen. Im Laufe der Zeit würden sie ihre Herrschaft durch Maßnahmen stabilisieren, die einerseits Terror verbreiteten und die Gegner paralysierten, andererseits es ihnen ermöglichten, ihre gesellschaftliche Basis zu verbreitern.

c) Die Dialektik der Aufklärung

Seit Jahren betrieb Horkheimer intensive Studien, um ein systematisches Werk über dialektische Logik zu verfassen. Er war sich jedoch bewußt, daß er allein nicht imstande war, dieses Projekt zu realisieren. Deswegen schlug er ursprünglich Herbert Marcuse vor, sich am Dialektik-Buch zu beteiligen und den ideengeschichtlichen Teil zu übernehmen. Nach einiger Zeit kehrte Marcuse jedoch aus Kalifornien nach New York zurück und verzichtete praktisch auf die Beteiligung am Projekt. Nachdem Horkheimer einige Manuskripte von Adorno gelesen hatte, besonders dessen Manuskript *Zur Philosophie der neuen Musik*, war er überzeugt, daß Adorno der geeignete Partner für das Unternehmen sei. Adorno, seit längerer Zeit an der Zusammenarbeit mit Horkheimer interessiert, stimmte ohne Bedingungen sofort zu. Unter dem Eindruck der antijüdischen terroristischen Politik der Nationalsozialisten und der Vernichtung der jüdischen Bevölkerung der okkupierten Länder Europas, auch infolge der Enttäuschung über die Sowjetunion und des Verlusts jeder Hoffnung auf radikale Veränderungen der Gesellschaftsstruktur von seiten der Arbeiterklasse, verschob sich Horkheimers Interesse von der Theorie der ausgebliebenen Revolution auf die Theorie der ausgebliebenen Zivilisation. (vgl. Wiggershaus, 327–347) Nach vielen Besprechungen fiel die Entscheidung, die Dialektik-Studie und das Antisemitismus-Projekt, an dem Horkheimer und Adorno seit einiger Zeit arbeiteten, zu vereinigen. Während der Beschäftigung mit diesen Themen stellte sich heraus, daß ohne interdisziplinäre Zusammenarbeit und Studien über Aufklärung, Mythologie und das Racketproblem das Projekt nicht realisierbar sei. Ende 1942 war das erste Kapitel der *Dialektik der Aufklärung* fertiggestellt. Es dauerte jedoch noch mehr als ein Jahr bis zum Abschluß des ganzen Vorhabens, das letzten Endes nicht als systematische Abhandlung, sondern als eine Sammlung von Fragmenten erschien.

Die *Dialektik* enthält einige Motive, die für das Ganze entscheidende Bedeutung haben. In erster Linie ist hier der Begriff der Aufklärung zu nennen, der hier nicht den traditionell bestimmten historischen Sinn hat, in dem er allgemein gebraucht wird. Horkheimer benutzt ihn als Bezeichnung für die „Entzauberung der Welt" (GS 5, 25), ein von Max Weber in seinem bekannten Essay *Wissenschaft als Beruf* benutzter Terminus, der bei ihm die Aufhebung der magisch-mythischen Weltanschauung im Okzident bedeutet, die es dem Westen ermöglichte, die Welt durch Berechnung und technischen Fortschritt zu beherrschen (*Wissenschaft als Beruf*, 6. Aufl., 594).

In Horkheimers Sicht gehört die Entmythologisierung zum Kanon der Aufklärung, und die Säuberung der Welt von Magie und Animismus ist bei ihm die Grundlage der aufklärerischen Tendenz, „von den Menschen die Furcht zu nehmen und sie als Herren einsetzen". (GS 5, 25) Der Mensch müsse sich stets mit der Natur auseinandersetzen und ihr seine Existenz abtrotzen. Auch sein Denken sei geprägt von der Verflechtung mit der Natur. Die Natur sei nicht bloß das Rohmaterial der menschlichen Geschichte, das dem Menschen zur freien Verfügung stehe, sondern auch die Grundlage für die Selbstbehauptung des Menschen und für die ausgebildete Rationalität, die sich über den Warentausch innerhalb der Gesellschaft verwirkliche. Wer die Natur verleugne, setze sich Gefahren aus, die seine Existenz bedrohten. Denn die Natur rächt ihre Mißhandlung; „Mit der Verleugnung der Natur im Menschen wird nicht bloß das Telos der auswendigen Naturbeherrschung sondern das Telos des eigenen Lebens verwirrt und undurchsichtig. In dem Augenblick, in dem der Mensch das Bewußtsein seiner selbst als Natur sich abschneidet, werden alle die Zwecke, für die er sich am Leben erhält, der gesellschaftliche Fortschritt, die Steigerung aller materiellen und geistigen Kräfte, ja Bewußtsein selber, nichtig ..." (Ebd., 78)

Die Unterwerfung der Natur durch die moderne Technik präge nicht nur das Wesen des Verhältnisses der Menschen zu ihrer natürlichen Umgebung, sondern auch den Charakter der zwischenmenschlichen Verhältnisse. Horkheimer, der das Kapitel über die Aufklärung verfaßt hat, schreibt in diesem Zusammenhang: „Der Verstand, der den Aberglauben besiegt, soll über die entzauberte Natur gebieten. Das Wissen, das Macht ist, kennt keine Schranken, weder in der Ausbeutung der Kreatur noch in der Willfährigkeit gegen die Herren der Welt ... Technik ist das Wesen dieses Wissens. Es zielt nicht auf Begriffe und Bilder, nicht auf das Glück der Einsicht, sondern auf Methode, Ausnutzung der Arbeit anderer, Kapital ... Was die Menschen von der Natur lernen wollen, ist sie anzuwenden, um sie und die Menschen vollends zu beherrschen." (Ebd., 26)

Der Zusammenhang zwischen Beherrschung der Natur und Beherrschung von Menschen wird hier und an einigen anderen Stellen festgestellt, aber nicht erklärt. Man bleibt im unklaren, ob es sich um eine historische Tatsache handelt, oder ob hier ein logischer Prozeß vorliege. Man kann nur vermuten, daß die Herrschaftsstruktur in der Gesellschaft, d.h. die Macht der herrschenden Klasse gegenüber den schwachen, beherrschten Gesellschaftsschichten, eine Kopie der Beherrschung der Natur bilde. Vielleicht ist dieser Umstand ohne wesentliche Bedeutung, da das Buch, wie mehrmals bemerkt, keine historische Abhandlung, sondern eine Sammlung von mehr oder minder überzeugenden Bemerkungen, Gleichnissen, Beispielen und Assoziationen ist, die die Thesen von Horkheimer und Adorno illustrieren und bestätigen bzw. bestätigen sollen. Die Autoren markieren jedoch die schematischen Strukturen der dargestellten Phänomene und beschreiben sie so suggestiv, daß man bereit ist, die erwähnten Mängel in Kauf zu nehmen. Jedenfalls ist die Behauptung, Beherrschung der Natur und der Menschen hingen zusammen, keine erregende Neuigkeit. Bereits Marx formulierte in den Jugendschriften die These von der gesellschaftlichen Vermittlung der Natur und der naturhaften Vermittlung der Gesellschaft und entwickelte sie im *Kapital* im Abschnitt über den „Fetischcharakter der Ware und sein Geheimnis". Dieser Abschnitt nimmt, nebenbei erwähnt, einige Gedanken der Autoren der Dialektik vorweg. Marx zeigt dort, daß die kapitalistische Produktion, indem sie die Arbeitsprodukte in Waren überführt, den zugrundeliegenden gesellschaftlichen Verhältnissen eine „gespenstige Gegenständlichkeit" verleihe. Die gesellschaftlichen Verhältnisse nehmen die phantasmagorische Form von natürlichen Dingen an. (vgl. Alfred Schmidt, 1993, 59–64)

Horkheimer ist in seiner Beschreibung dieses Themas konsequent, wenn er erklärt, daß die menschliche Vernunft sich allmählich mehr und mehr in die Natur verstricke: „Jeder Versuch, den Naturzwang zu brechen, indem Natur gebrochen wird, gerät nur um so tiefer in den Naturzwang hinein." (GS 5, 35)

Bei Horkheimer wird, wie man dem Text entnehmen kann, die natürliche Umwelt unter dem Gesichtspunkt gesellschaftlicher Selbsterhaltung objektiviert und mit dem Ziel der Machtsteigerung allmählich erschlossen. Allerdings bezahlten die Menschen dafür einen hohen Preis: „Die Menschen bezahlen die Vermehrung ihrer Macht mit der Entfremdung von dem, worüber sie Macht ausüben. Die Aufklärung verhält sich zu den Dingen wie der Diktator zu den Menschen. Er kennt sie, insofern er sie manipulieren kann. Der Mann der Wissenschaft kennt die Dinge, insofern er sie machen kann. Dadurch wird ihr An sich Für ihn. In der Verwandlung enthüllt sich das Wesen der Dinge immer je als dasselbe, als Substrat von Herrschaft." (Ebd., 31; vgl. 49, 55) Aufgrund dieser und ähnlicher Äußerungen kommt Honneth zum Schluß, daß die theoretische Basis der *Dialektik der Aufklärung* eine Theorie der Herrschaft bilde, die die instrumentelle Verfügung der Menschen über die Natur zum Ausgang nehme (Honneth, 54), eine plausible These, wenn man dabei an die Marx'sche These der Verbindung von Natur, Mensch, und Gesellschaftsstruktur denkt. In vielen seiner Auffassungen hat Horkheimer bereits von Marx' Standpunkt Abschied genommen, aber in dieser Angelegenheit bleibt er weiter in seinem Schatten.

Da jedoch „schon der Mythos Aufklärung ist und Aufklärung in die Mythologie zurückschlägt" (GS 5, 21), ist die Aufklärung mit einer Erbsünde beladen und kann sich dieser Last nicht entledigen. Die dialektische Logik äußert sich hier in der totalen Verkehrung des Verhältnisses zwischen Aufklärung und Mythos: Früher beherrschte die Aufklärung den Mythos, jetzt steht die Gesellschaft unter dem Bann der in den Mythos umschlagenden, totalitär gewordenen Aufklärung: „Aber die vollends aufgeklärte Erde strahlt im Zeichen triumphalen Unheils" (Ebd., 25); „Die Menschen bezahlen die Vermehrung ihrer Macht mit der Entfremdung von dem, worüber sie Macht ausüben" (31); „Denn Aufklärung ist totalitär wie nur irgendein System" (47); „Die Weltherrschaft über die Natur wendet sich

gegen das denkende Subjekt selbst, nichts wird von ihm übrig-
gelassen ... Subjekt und Objekt werden beide nichtig" (49);
„Mit der Ausbreitung der bürgerlichen Warenwirtschaft wird
der dunkle Horizont des Mythos von der Sonne der kalkulie-
renden Vernunft aufgehellt, unter deren eisigen Strahlen die
Saat der neuen Barbarei heranreift" (55); „Auf dem Weg von
der Mythologie zur Logistik hat Denken das Element der Reflexion auf sich verloren, und die Maschinerie verstümmelt die
Menschen heute" (60); usw., usw.

Die Aufklärung habe die Welt von allen irdischen und himm-
lischen Geheimnissen „befreit" und alles Rätselhafte für nicht
vorhanden erklärt. Sie habe eine Wissenschaft entwickelt, die
sich zum Zweck und Ziel setzte, die Natur dem Menschen immer erfolgreicher zu unterwerfen, und daher alles ignoriere,
was dem Leben Dimensionen verleiht, die den Kampf für die
Selbsterhaltung überschreiten. Sie habe die Welt der Qualitäten
auf Quantitäten reduziert, demgemäß die Wissenschaft mathe-
matisiert und die kreative und humane Vernunft zu einer instrumentellen und manipulatorischen degeneriert. Die auf Tauschwert basierende politische Ökonomie habe sie in eine Wissenschaft von in abstrakter Arbeitszeit hergestellten Erzeugnissen
verwandelt. Der abstrakte Charakter des Denkens und die
Herrschaftsstruktur der modernen Gesellschaft ergänzten sich
gegenseitig: „Die Allgemeinheit der Gedanken, wie die diskur-
sive Logik sie entwickelt, die Herrschaft in der Sphäre des Begriffs, erhebt sich auf dem Fundament der Herrschaft in der
Wirklichkeit." (GS 5, 36) Die nicht aufzuhaltende Tendenz der
Aufklärung, die ganze Wirklichkeit durch deduktives Denken
zu erfassen und zu erklären, eliminiere die Freiheit aus dem
Denken und aus der Tätigkeit der Menschen. Durch Begren-
zung des Denkens auf Tatsachen, die in ein „System" zu ordnen
sind, sanktioniere die Aufklärung das Bestehende und damit
auch das gesellschaftliche Unrecht.

Angesichts dieser vernichtenden Kritik der Aufklärung ist
freilich daran zu erinnern, daß es in ihr natürlich auch Denk-
richtungen gab, die man als richtiges oder wahres Denken charakterisieren muß. Der jüdische Monotheismus z.B. und die

Konzeption der Kritischen Theorie selbst, sind ganz gewiß Manifestationen eines im guten Sinn aufklärerischen antimythologischen Geistes. Schade, daß die Autoren der Sache nicht weiter nachgehen. Die jüdische Religion z. B. stand in diametralem Widerspruch zu einer Vergötzung der Natur und von Menschen (u. a. des römischen Kaisers). Wenn Horkheimer einmal die Aufklärung eine „säkularisierte Form" des „jüdischen Monotheismus" nennt, dann meint er sicher nicht die perverse bzw. pervertierende, sondern die „wahre" Aufklärung. Der Zusammenhang legt dies wenigstens nahe: Horkheimer erwähnt hier das Judentum als antimythologischen und antirigoristischen Faktor, während die kranke Aufklärung mit Mythologie und Rigorismus belastet sei.

Die Entlarvung der Aufklärung: ihr dialektischer Umschlag vom hellen Tag zur dunklen Nacht, von Freiheit von Unterdrückung zur Unterdrückung der Freiheit und zur technologischen Perfektionierung aller bestehenden Herrschaftsstrukturen, ihre Emanzipation der Vernunft aus den Fesseln des Mythos, die zur Barbarisierung des wissenschaftlichen Denkens und der Kultur bis hin zur Entstehung von faschistischen, neuheidnischen und stalinistisch-bolschewistischen Ideologien und schließlich auch zur wachsenden Knechtschaft der Menschen unter der Herrschaft des Warenfetischismus führe – dies aufzuzeigen ist das prinzipielle Anliegen des Werkes, dem auch all seine Allegorien, Gleichnisse und Legenden dienen.

Die *Dialektik der Aufklärung* ist die Theorie einer endgültig bankrott gegangenen Zivilisation. Faschismus, Kommunismus und Kulturindustrie der kapitalistischen Gesellschaft werden als Spielarten derselben dekadenten und perversen Krankheit eingeschätzt. Dazu kommt noch die allgemeine Zerstörung des Sinns der Wirklichkeit, der Geschichte und der menschlichen Tätigkeit. Wenn man noch dazu bedenkt, daß eine Rückkehr zur vorindustriellen Gesellschaft als reaktionärer und illusionärer Gedanke betrachtet wird, ist klar, daß wir uns nach dieser Theorie in einem Teufelskreis befinden, aus dem kein Weg hinausführt.

Im Kapitel *Juliette oder Aufklärung und Moral* formuliert Horkheimer die These, daß durch Instrumentalisierung und Formalisierung der Vernunft die Menschheit das wichtigste Mittel in ihrem Kampf gegen Mord und Vernichtung einbüßte: Es sei unmöglich geworden, aus vernünftigen Gründen grundsätzliche Argumente gegen den Mord vorzubringen. Die sogenannten dunklen Schriftsteller des Bürgertums, de Sade und Nietzsche, hätten diese Konsequenz aus der unerbittlichen Kritik der praktischen Venunft gezogen. „Sie steigerten das szientifische Prinzip ins Vernichtende." (GS 5, 117) Sie hätten nicht, wie die Apologeten der bürgerlichen Ordnung, die Konsequenzen der Aufklärung durch harmonistische Doktrinen abzubiegen getrachtet. Während die klassischen Philosophen des Bürgertums die Vernunft mit der Moral in engen Zusammenhang gebracht und das unlösliche Bündnis von Vernunft und Untat, von Herrschaft und Vernunft dennoch geleugnet hätten, seien jene der „schockierenden Wahrheit" nicht ausgewichen, daß die degenerierte Vernunft imstande ist, jede Untat wie Gattinnen- und Kindermord, Prostitution, Infamie und Mordtaten jeder Art, Pogrome usw. zu rechtfertigen. (Ebd., 135–140) „Die Unmöglichkeit, aus der Vernunft ein grundsätzliches Argument gegen den Mord vorzubringen, nicht vertuscht, sondern in alle Welt geschrieen zu haben, hat den Haß entzündet, mit dem gerade die Progressiven Sade und Nietzsche heute noch verfolgen." (Ebd., 142) Alles, was Sade und Nietzsche geschrieben haben, sinke freilich zu hausbackener Harmlosigkeit herab, wenn man ihre Texte mit der Theorie und Praxis des Faschismus vergleiche, die am Ende zu Bergen von Leichen geführt hätten.

Die Zerstörung der Vernunft, der Subjektivität, des Gefühls und der Natur im Rahmen der dialektischen Selbstzerstörung der Aufklärung, die Instrumentalisierung, Formalisierung und Mathematisierung des Denkens – alle diese Phänomene spielten eine wichtige Rolle im Niedergang der Kultur, stellen Horkheimer und Adorno im Kapitel über die Kulturindustrie fest. Mit Kulturindustrie bezeichnen die Autoren die Institutionen, die die Massenkultur produzieren. Die totale Popularisierung der Kultur, das Eintreten der Massen in den Kreis der Konsumenten der Kulturgüter und die Verbreiterung der Basis der Kultur werden von ihnen nicht als Fortschritt bewertet, weil ein vom Kommerz beherrschtes Kultur-System eine standardisierte Klischee-Kultur hervorbringe und jede echte Kreativität töte. Die Beseitigung des Bildungsprivilegs durch Ausverkauf „leitet die Massen nicht in die Bereiche, die man ihnen ehedem vorenthielt, sondern dient, unter den bestehenden gesellschaftlichen Bedingungen, gerade dem Zerfall der Bildung, dem Fortschritt der barbarischen Beziehungslosigkeit". (Ebd., 188) Früher hätte der Besucher eines Theaters der Darbietung wenigstens soviel Achtung gezollt wie dem dafür ausgegebenen Geld. Heute könne man Dramen – zusammen mit der Reklame – im Radio hören oder im Fernsehen und Kino sehen, aber der Bürger habe unter diesen Umständen die persönliche Beziehung zur kulturellen Produktion bereits verloren. Die Kulturindustrie sei ein totales System, das die ganze Bevölkerung mit seinen Angeboten verdumme und in einen „Zirkel von Manipulationen und rückwirkendem Bedürfnis, in dem die Einheit des Systems dichter zusammenschließt" (Ebd., 145), hineinziehe. Die Belieferung des Publikums mit Serienqualität, bloß mechanisch differenzierten Erzeugnissen, mit stereotypen Schlagern, Stars, Seifenopern und sonstigen Klischeeproduktionen töte jegliche Reflexion und sublimeres Gefühl. Der Gebrauchswert der Kulturgüter werde durch den Tauschwert ersetzt, Profit sei das einzige Ziel der Kulturindustrie, in der die Aufklärung letzten Endes zum kulturellen Massenbetrug werde.

Das Kapitel *Elemente des Antisemitismus* ist der Versuch, die judenfeindliche Tendenz und den virulenten Antisemitismus der totalitären Regime zu erklären. Während Horkheimer in dem Aufsatz *Juden und Europa* (1939) die Judenverfolgung auf den Übergang vom liberalen zum monopolistisch organisierten Kapitalismus zurückgeführt hatte, darauf, daß „die Sphäre, die für das Schicksal der Juden in doppelter Weise bestimmend war, als der Ort ihres Erwerbs und als das Fundament der bürgerlichen Demokratie: Die Sphäre der Zirkulation, ihre ökonomische Bedeutung verliert" (GS 4, 325), also den Antisemitismus mit ökonomischen Argumenten erklärte, wird in der *Dialektik* das wirtschaftliche Erklärungsprinzip im wesentlichen durch sozialpsychologische, psychoanalytische und anthropologische Motive ersetzt. Das nationalsozialistische Terrorregime verkörpere hier die radikalste Form des Vernichtungswillens, der der europäischen Zivilisation überhaupt innewohne. „Für die Faschisten sind die Juden nicht eine Minorität, sondern die Gegenrasse, das negative Prinzip als solches; von ihrer Ausrottung soll das Glück der Welt abhängen ... Die Juden sind heute die Gruppe, die praktisch wie theoretisch den Vernichtungswillen auf sich zieht, den die falsche gesellschaftliche Ordnung aus sich heraus produziert. Sie werden vom absolut Bösen als das absolut Böse gebrandmarkt." (GS 5, 197) Der *Holocaust* bilde den grauenvollen Höhepunkt der Zerstörung der Vernunft. In *Die Juden und Europa* wird der Judenmord als Zeichen der Endphase des monopolistischen und faschistischen Kapitalismus dargestellt, in der *Dialektik* erscheint die Vernichtung der Juden als extreme Form einer der Aufklärung immanenten Tendenz zur Selbstzerstörung.

Horkheimer und Adorno gehen von der Prämisse aus, daß der Judenhaß nur wenig mit seinem vermeintlichen Objekt, d. h. dem Juden, zu tun habe, viel mehr dagegen mit Mißerfolgen, Fiaskos und Verdrängungen der Hassenden selbst. „Das zwanghaft projizierende Selbst kann nichts projizieren als das eigene Unglück, von dessen ihm selbsteinwohnendem Grund es doch in seiner Reflexionslosigkeit abgeschnitten ist. Daher sind die Produkte der falschen Projektion, die stereotypen Schemata des Gedankens und der Realität, solche des Unheils." (Ebd., 222) Darum schreie man: haltet den Dieb, und zeige auf den Juden. Er sei der Sündenbock für alles Unglück: soziales und ökonomisches Elend, Kriege, Konkurrenz, Scheitern der eigenen Existenz etc.

Die nationalsozialistischen Henker erschienen nicht nur als Gangster, sondern in erster Linie als Verkörperung „der Rückkehr der aufgeklärten Zivilisation zur Barbarei". (Ebd., 22) Man kann Erich Cramer zustimmen, wenn er schreibt, daß „nichts der *Dialektik der Aufklärung* entgegengesetzter wäre

als der Satz: es hat *immer* Mörder gegeben, Verfolgungswahn-
sinnige, bei allen Völkern, in allen Zeiten ... Der Faschist war
nicht mehr nur die letzte Verwandlung und zugleich Enthüllung des Kapitalisten, sondern auch das Endprodukt einer langen Entwicklungsreihe im Gesamtprozeß der Aufklärung."
(Gramer, 156)

d) Zur Kritik der instrumentellen Vernunft

Eclipse of Reason (1947) beruht auf einer Reihe öffentlicher Vorlesungen, die Horkheimer 1944 an der Columbia University gehalten hatte und die zwanzig Jahre später unter dem Titel *Zur
Kritik der instrumentellen Vernunft* auf Deutsch erschienen ist.
Was Horkheimer in der *Dialektik* über die düstere Zukunft der
Menschheit eher aphoristisch angedeutet hatte, wird hier, im
wesentlichen wenig verändert, ausführlich dargelegt: „Im Augenblick, da dies geschrieben wird, stehen die Völker der demokratischen Nationen vor dem Problem, wie ihr Waffensieg zu
vollenden sei. Sie müssen die Prinzipien der Humanität, in deren Namen die Opfer des Krieges gebracht wurden, ausarbei-
ten und in Praxis überführen ... Und doch herrscht ein allgemei-
nes Gefühl der Angst und der Desillusionierung. Die Hoffnun-
gen der Menschheit scheinen heute weiter von ihrer Erfüllung
entfernt, als sie es selbst in den noch unsicher tastenden Epochen waren, da sie zum ersten Mal von den Humanisten formuliert wurden. Deutlich scheint, selbst mit der Erweiterung des
Denk- und Handlungshorizonts durch das technische Wissen,
die Autonomie des Einzelsubjekts, sein Vermögen, dem an-
wachsenden Apparat der Massenmanipulationen zu widerste-
hen, die Kraft seiner Phantasie, sein unabhängiges Urteil zu-
rückzugehen. Das Fortschreiten der technischen Mittel ist von
einem Prozeß der Entmenschlichung begleitet. Der Fortschritt
droht das Ziel zunichte zu machen, das er verwirklichen soll –
die Idee des Menschen. Ob dieser Zustand eine notwendige
Phase im allgemeinen Aufstieg der Gesellschaft insgesamt ist
oder ob er zu einem siegreichen Wiederstehen der jüngst auf
den Schlachtfeldern besiegten neuen Barbarei führen wird,

hängt wenigstens zum Teil von der theoretischen Fähigkeit ab, die tiefen Veränderungen, die im öffentlichen Bewußtsein und in der menschlichen Natur statthaben, zu interpretieren." (GS 6, 25 f.) Die schwache Hoffnung Horkheimers, daß vielleicht doch die Idee des Menschen sich gegenüber dem Establishment und dem Prozeß der Instrumentalisierung der Vernunft behaupten werde, erfüllte sich nicht. Desto mehr konzentrierte er sich auf den relativ bescheidenen Versuch, die radikalen soziologischen und anthropologischen Veränderungen zu interpretieren, um die Menschen gegen instrumentelles Denken und verschiedene Manipulationen in gewissem Maße zu immunisieren. Seine Forschung und Lehre sollte so zur Mündigkeit politisch aufgeklärter Studenten beitragen, die nach seiner Rückkehr nach Deutschland im Rahmen des neugegründeten Instituts für Sozialforschung eine gerechtere, vernünftig eingerichtete Welt anstrebten. (vgl. Alfred Schmidt, Einleitung zu *Dämmerung*, GS 3)

In der *Dialektik der Aufklärung* war de facto die Rede von zwei Begriffen der Vernunft: der potentiell emanzipatorischen Vernunft, die im Dienste der Menschheit steht, und der instrumentellen Vernunft, die auf der Reduktion der Vernunft zu einem Instrument der Kalkulation im Dienste selbstsüchtiger Ziele basiert. In der *Kritik der instrumentellen Vernunft* wird unter Berufung auf Max Weber der erste Begriff durch die Bezeichnung *objektive* Vernunft und der zweite durch *subjektive* Vernunft ersetzt. Historisch gesehen habe es „beide Aspekte der Vernunft, den subjektiven und den objektiven, seit Anbeginn gegeben, und das Vorherrschen jenes über diesen kam im Verlauf eines langen Prozesses zustande". (GS 6, 30) Subjektive Vernunft hat es wesentlich mit Mitteln und Zwecken zu tun, mit Angemessenheit von Verfahrensweisen an Ziele, ohne der Frage der Vernünftigkeit bzw. Legitimität der Ziele nachzugehen. Zwecke werden mehr oder minder als vernünftig im subjektivem Sinne betrachtet, d. h. daß sie unmittelbar der Selbsterhaltung des Individuums oder dem Fortbestand der Gemeinschaft dienen, von der der Gewinn, das Wohl und der Vorteil des individuellen Bürgers abhängig sind. (Ebd., 27) Die objektive Vernunft ist nicht nur im individuellen Bewußtsein anwesend, sondern auch in der objektiven Welt, in den Beziehungen zwischen den Menschen und zwischen gesellschaftlichen Klassen, in den gesellschaftlichen Institutionen und in Manifestationen der Natur. Die großen philosophischen Systeme der Griechen und der deutschen klassischen Philosophie waren auf diesem Begriff gegründet. Sie zielten auf universale Zwecke, die das ganze Sein und dessen spezifische Selbsterhaltung umfaßten. Der Nachdruck lag hier mehr auf den Zwecken als den Mitteln. „Das höchste Bestreben dieser Art von Denken war es, die objektive Ordnung des ‚Vernünftigen‘, wie die Philosophie sie begriff, mit dem menschlichen Dasein einschließlich des Selbstinteresses und der Selbsterhaltung zu versöhnen." (Ebd., 28)

Die subjektive Vernunft, die bloß die Fähigkeit besitzt, „Wahrscheinlichkeiten zu berechnen und dadurch einem gegebenen Zweck die richtigen Mittel zuzuordnen", bedeute in ihren Konsequenzen den Verzicht auf Wahrheit und auf die Erkenntnis des Guten. Zwecke und Güter würden willkürlich gesetzt und der instrumentellen Vernunft vorgegeben, während inhaltliche Zwecke ethisch indifferent und nur hinsichtlich ihrer Durchsetzbarkeit im Konflikt der Interessen bewertet würden: „Die Formalisierung der Vernunft hat weitreichende theoretische und praktische Konsequenzen. Wenn die subjektivistische Ansicht stichhaltig ist, kann das Denken nicht helfen, zu bestimmen, ob irgendein Ziel an sich wünschenswert sei. Die Annehmbarkeit von Idealen, die Kriterien für unser Handeln und unsere Überzeugungen, die leitenden Prinzipien der Ethik und Politik, alle unsere letzten Entscheidungen werden von anderen Faktoren als der Vernunft abhängig gemacht. Sie sollen eine Angelegenheit der Wahl und des Beliebens sein, und es ist sinnlos geworden, bei praktischen, moralischen oder ästhetischen Entscheidungen von Wahrheit zu sprechen." (Ebd., 31)

Horkheimer griff in diesem Zusammenhang den philosophischen Pragmatismus und den Neuthomismus an. Der erste proklamiere, daß eine Idee oder Theorie nichts als ein Schema oder Plan zum Handeln sei, und deshalb sei Wahrheit nichts anderes als der Erfolg der Idee. Laut Horkheimer werde hier die Relation der Dinge auf den Kopf gestellt. In Wirklichkeit sei es umgekehrt: Weil die Idee wahr sei, werde unsere Handlung mit Erfolg gekrönt. Der Pragmatismus, wie alle subjektivistischen Strömungen in der Philosophie, vertreibe die Geschichte aus dem Denken und aus der Erkenntnistheorie. Das ganze Denken werde bei John Dewey auf Gebrauch und Berechnung reduziert, und es werde ihm die Rolle eines Instruments zugewiesen. (Ebd., 70) „Der Pragmatismus spiegelt eine Gesellschaft wider, die keine Zeit hat, sich zu erinnern und nachzudenken." (Ebd., 62) Die zweite Richtung, die im Gegensatz zu dem positivistisch gefärbten Pragmatismus einen krassen metaphysischen Charakter trägt, ist der Neuthomismus, der angesichts des Primats des wissenschaftlichen Denkens verzweifelte Anstrengungen mache, die alten scholastischen Kategorien der Seele, Entität, Kraft etc. mit Quantenmechanik und Relativitätstheorie in Einklang zu bringen. Die soziale Funktion dieser Wiederbelebungsversuche einer objektivistischen Philosophie „besteht darin, das individuelle Denken mit den modernen Formen der Massenmanipulation zu versöhnen. In dieser Hinsicht sind die Wirkungen der philosophischen Wiederbelebung des Christentums nicht so verschieden von denen der Wiederbelebung der heidnischen Mythologie in Deutschland … sie wurden Werkzeuge der modernen Politik." (Ebd., 81)

Horkheimer betont mehrmals, daß er an Menschenwürde, Freiheit, Gleichheit und Gerechtigkeit interessiert sei. Die meisten Menschen würden sich jedoch von diesen Prinzipien abwenden. Das sollte uns, angesichts der heraufziehenden gesellschaftlichen Verdunkelung, des faschistischen Totalitarismus und des stalinistischen Regiments in der Sowjetunion nicht wundern. Während Horkheimer noch in den späten dreißiger Jahren in der Beherrschung der inneren und äußeren Natur eine der wichtigsten Voraussetzungen zur Realisierung von Vernunft sah, ist er in der *Kritik der instrumentellen Vernunft* überzeugt, daß in der neuen Situation der Herrschaft der instrumentellen Vernunft der Mensch und seine Bedeutung ausschließlich von seiner Möglichkeit, funktionell erfolgreich zu sein – Reichtum, Glück, Position – abhängig sei. „Die Gesellschaft und ihre

Institutionen tragen nicht weniger als das Individuum selbst den Stempel dieser Diskrepanz. Da die Unterjochung der Natur innerhalb und außerhalb des Menschen ohne ein sinnvolles Motiv vonstatten geht, wird Natur nicht wirklich transzendiert oder versöhnt, sondern bloß unterdrückt." (Ebd., 106) Horkheimer verfällt in einen metaphysischen Pessimismus, der seit langem in seinem Denken latent war. Seine eigene Frage: „Was sind die Konsequenzen der Formalisierung der Vernunft?", beantwortet er auf folgende Weise: „Gerechtigkeit, Gleichheit, Glück, Toleranz ... haben ihre geistigen Wurzeln verloren. Sie sind noch Ziele und Zwecke, aber es gibt keine rationale Instanz, die befugt wäre, ihnen einen Wert zuzusprechen und sie mit der objektiven Realität zusammenzubringen." (Ebd., 44)

Trotz allem erwartet Horkheimer Abhilfe von der Philosophie, die „als ein Korrektiv der Geschichte wirken" und heutzutage dazu dienen könne, „auf den Weg der Menschheit Licht zu werfen". Der Fortschritt zur gesellschaftlichen Utopie wird durch die Maschinerie der gesellschaftlichen Macht und von seiten der atomisierten Massen gehemmt. „Wenn es der Philosophie gelingt, den Menschen zu helfen, diese Faktoren zu erkennen, wird sie der Menschheit einen großen Dienst erweisen." (Ebd., 185) Horkheimer spricht auch von „einem neuen Zeitalter, in dem die Individualität als Element in einer weniger ideologischen und humaneren Daseinsform neu erstehen" könne. (Ebd., 163)

5. Horkheimers Spätwerk (1950–1973)

Die letzte Phase von Horkheimers Tätigkeit umfaßt seine Rückkehr nach Deutschland, die Leitung des neugegründeten Instituts für Sozialforschung bis zur Emeritierung 1959 und die vielen Aufsätze, Interviews, Vorträge und Aufzeichnungen bis 1973, dem Jahr seines Todes. Unter seinen Abhandlungen aus dieser Zeit sucht man vergeblich nach einer programmatischen Arbeit, die seine Gedanken zusammengefaßt zum Ausdruck bringt. Inhaltlich lassen sich die Themen seiner vielseitigen intellektuellen Tätigkeit kaum auf einen Nenner bringen. Trotzdem werden wir hier versuchen, die allgemeinen Themengruppen in Kürze zu charakterisieren.

a) Horkheimers letzte Fassung der Kritischen Theorie. Die verwaltete Welt

In den letzten Lebensjahren versuchte Horkheimer rückblickend nochmals, die Eigenschaften der Kritischen Theorie zu beschreiben.

Als die Kritische Theorie in den zwanziger Jahren formuliert wurde, war sie von der Idee einer besser funktionierenden und gerechteren Gesellschaft ausgegangen. Deswegen verhielt sie sich kritisch gegenüber der bürgerlichen Gesellschaft, die sehr viel unnötiges Elend wie steigende Lebenshaltungskosten, Arbeitslosigkeit etc. produzierte. Die Teilung in Herrschende und Beherrschte sei ein notwendiges Merkmal ihrer Existenz. Horkheimer und sein Kreis setzten ihre Hoffnung darauf, daß diese Gesellschaft in der Zukunft zum Wohl aller Bürger verändert werden würde. Die Vorstellung von der besseren Gesellschaft war bei ihnen, unter Marx' Einfluß, mit der Hoffnung auf die Revolution verknüpft. Diese Haltung verhärtete sich infolge der Siege des Nationalsozialismus, „denn schlimmer als im Nationalsozialismus konnte es in Deutschland nach einer Revolution ganz bestimmt nicht werden". (GS 8, 339) Auf der theoretischen Ebene war die Kritische Theorie ausschließlich negativ: Man stellte fest, was am Bestehenden schlecht war, aber man konnte nicht formulieren, was das Gute sein würde, „sondern nur daran arbeiten, daß das Schlechte schließlich verschwinden würde". (Ebd.)

Bei näherer Betrachtung der Marx'schen Lehre und bei Überprüfung der Theorie-Praxis-Relation stellte sich jedoch heraus, daß Marx in vielen Punkten unrecht hatte. So argumentierte Marx z. B., daß die Revolution eine Folge der sich immer mehr verschärfenden ökonomischen Krisen sein werde, verbunden mit dem Pauperismus der Arbeiterklasse. In Wirklichkeit ging es aber dem Proletariat nicht schlechter, sondern wesentlich besser als zu Marx' Zeit. Zusätzlich erwies sich die Krisenprognose als verfehlt, weil Krisen – wie die Nachkriegsjahre bewiesen – durch wirtschaftspolitische Eingriffe des Staates weitgehend verhindert wurden. Im Hinblick auf den stalinistischen terroristischen Kommunismus in der Sowjetunion entwickelte Horkheimer eine Dialektik des Verhältnisses zwischen Gerechtigkeit und Freiheit, die im Gegensatz zu Marx behauptete, daß Freiheit und Gerechtigkeit einerseits verbunden, andererseits jedoch Gegensätze seien: Je mehr Gerechtigkeit, desto weniger Freiheit und *vice versa*. Der Grund dafür, meinte Horkheimer, liege auf der Hand: Wenn es gerecht zugehen soll, müsse man den Menschen viele Dinge und Verhaltensweisen verbieten, um vor allem eine Nivellierung der menschlichen Bedürfnisse und der gesellschaftlichen Positionen zu erreichen. Dazu komme noch der zwar anerkennenswerte Fortschritt in der Aufhebung von materieller Not und Ungleichheit, der aber ebenfalls den Freiheitsspielraum einschränke. (GS 7, 403) Und umgekehrt: Je mehr Freiheit in der Gesellschaft vorhanden sei, desto weniger hätten Bürger, die ihre Kräfte nicht entfalten können, bzw. nicht so gescheit sind wie die anderen, eine Chance, Mitglied der herrschenden Klasse zu sein. Sie würden von den ökonomisch, politisch und gesellschaftlich Stärkeren total abhängig sein. (GS 8, 340–341) Diese Kritik an Marx bedeutete jedoch keineswegs, daß Horkheimer in der letzten Phase seiner intellektuellen Tätigkeit von ihm und seiner Lehre gänzlich Abschied nahm.

In einem Gespräch mit Otmar Hersche (1968) betont Horkheimer, daß er der Marx'schen Lehre „unendlich viel" zu verdanken habe. Marx' Analyse der bestehenden Gesellschaft sei aufschlußreicher als jede andere, und seine Theorie erwiese sich als zuverlässige Hilfe in vielen Fällen, in denen andere Konzeptionen scheiterten. „Ich meine auch heute", erklärte Horkheimer, „daß wir die Gesellschaft, so wie sie ist, ohne diese Theorie, ohne die Marxsche Analyse, nicht wirklich verstehen können." (GS 13, 191) Marx habe das Wesen der Gesellschaft, erklärt Horkheimer bei anderer Gelegenheit, besser erkannt als jeder andere, und „solange wir keine bessere Theorie haben, die Gesellschaft zu verstehen, müssen wir an der seinigen festhalten". (GS 14, 325) Horkheimers Kritik bezieht sich in erster Linie auf die Prognosen von Marx, u. a. auf die von ihm als wissenschaftlich bezeichnete Behauptung, das Proletariat werde durch eine antikapitalistische Revolution die Freiheit der ganzen Menscheit verwirklichen.

Horkheimer gibt seiner Überzeugung Ausdruck, daß die bestehende Gesellschaft sich in die Richtung einer total verwalteten Welt entwickle, in der alles geregelt sein werde. Man werde alles automatisch regeln, vom Straßenverkehr über den Konsum bis zur Verwaltung des Staates. Auf diese Weise verlören die Menschen den authentischen Inhalt des Lebens. Sie könnten nämlich nicht mehr ihr eigenes Leben bestimmen. Sie lebten das Leben, das „durch die Gesellschaft vorgezeichnet ist".

Wenngleich die Menschen heute so viele Mittel zu ihrer Verfügung hätten, wie noch niemals in der Vergangenheit, stünden sie doch unter einem kolossalen Druck (GS 13, 123), und zwar nicht nur von seiten der Regierungsverwaltung, sondern auch durch die großen Konzerne. Auch die Errungenschaften der Technologie spielten hier eine beträchtliche Rolle: Computeranlagen, Überwachung durch optische und elektronische Geräte usw. Alles sei verwaltet, sogar die Publizistik und die Wissenschaft. (Ebd., 125)

Das heiße aber nicht, daß die Menschen notwendig die Kontrolle über ihre Lebensbedingungen verlieren müßten. Sie seien zwar von der Verwaltung erfaßt, aber sie könnten sich ihr entziehen. Die Psychoanalyse beweise jedoch, daß die Menschen sich entscheiden werden mitzumachen. Anhand der Psychoanalyse könne man die Entwicklung der verwalteten Welt studieren. Der Mensch mache sich in ihr selbst zum Objekt. „Er will das, was die Psychoanalyse Genußfähigkeit und Arbeitsfähigkeit nennt, und darunter ist nichts anderes ... zu verstehen, als eben die Anpassung an die vorgegebene Wirklichkeit. Die Analyse, die einmal früher aus dieser Welt durch Kritik herausführen wollte, bleibt in der verdinglichten Welt." (Ebd., 130)

Diese Entwicklung betrachtet Horkheimer als unvermeidlich. Man könne jedoch ihren destruktiven Auswirkungen auf die Gesellschaft entgegenwirken. Die Kritische Theorie stelle sich in dieser neuen Epoche die Aufgabe, bei möglichst vielen geistig Schaffenden ein kritisches Bewußtsein zu entwickeln, welches hilft, das, was positiv ist, wie zum Beispiel die Autonomie des Einzelnen, seine Bedeutung als Person, seine spezifischen psychischen Eigenschaften zu bewahren. Sie bekämpfe auch die staatliche Lenkung der Kultur und wolle ihre positiven Aspekte retten helfen. Da die gesellschaftliche Modernisierung ein weitgehendes Erlöschen der kulturellen und geistigen Traditionen der okzidentalen Welt zur Folge habe, sehe es die Kritische Theorie als notwendige Aufgabe an, die Sehnsucht nach Gerechtigkeit, Freiheit und Solidarität aller Menschen wachzuhalten. Dieses Ziel könne sie nur erreichen, wenn es ihr gelänge, die permanente Tendenz der Anpassung ans Bestehende wenigstens in beschränktem Maße aufzuhalten. „Die verwaltete Welt steht unter dem Zeichen der Verkündigung des Glücks, der Freiheit, des Fortschritts. Die Verteidigung gehört mit zur Aufrechterhaltung der verwalteten Welt. Der fortwährende Hinweis darauf, daß es doch eigentlich anders sei, daß der Mensch alle Möglichkeiten zum Guten habe, ja daß er diese Möglichkeiten verwirkliche, spielt eine ungeheure Rolle bei der Manipulierung ..." (GS 13, 139)

Schmid Noerr, der Mitherausgeber der *Gesammelten Schriften* Horkheimers, urteilt richtig, wenn er in bezug auf den Negativismus der Kritischen Theorie – daß der Zerfall der Aufklärung unaufhaltsam sei, man aber die Übel des Bestehenden bezeichnen und kritisieren solle, ohne, um nicht in Utopismus zu geraten, das absolut Richtige beschreiben zu können (GS 8, 343) – sagt: „Der sogenannte Negativismus der Kritischen Theorie bleibt bei Horkheimer immer in einer fruchtbaren Beziehung zur Suche nach der Veränderbarkeit der Verhältnisse und führt nicht zu Praxisverlust oder Quietismus." (GS 13, 660) Zwei Beispiele sollen diese These illustrieren:

In einem Gespräch mit Helmut Gumnior *(Die Sehnsucht nach dem ganz Anderen)* äußert sich Horkheimer zum Problem des Pessimismus in der Kritischen Theorie. Auf die Bemerkung von Gumnior, daß sein, Horkheimers, Urteil über die verwaltete Welt sehr negativ, sehr pessimistisch sei, erwidert er:

„Ich möchte sagen, es ist nicht nur pessimistisch. Vielleicht können auch in der verwalteten Welt Kräfte entfaltet werden, die einen nicht ausschließlich technischen Fortschritt hervorbringen. Zunächst einmal im Hinblick auf die Gerechtigkeit, den Fortfall der durch den chaotischen Zustand der Welt bedingten Konflikte, ja vielleicht auch das Bewußtsein einer universalen Solidarität ... Wir leben ja noch nicht in der vollautomatisierten Gesellschaft, noch ist unsere Welt nicht total verwaltet. Wir können heute noch sehr viele Dinge tun, selbst wenn sie später überholt werden sollten." (GS 7, 403–404)

In einem anderen Gespräch, mit Adorno und Eugen Kogon über *Die Menschen und der Terror,* meinte Horkheimer, daß der Mensch dem Staat in einer markanten Weise anheimfalle, was aus einem durch die Technik bedingten Zentralisierungsprozeß resultiere. Die Gefahr bestehe darin, daß die Menschen, wenn sie diese Tendenz als überindividuelle erkennen, sich überhaupt vom Handeln abhalten ließen. „Ich glaube", erklärte Horkheimer, „es ist das wichtigste, daß wir den Menschen klarmachen, daß dies nicht geschehen soll. Die gesellschaftlichen Tendenzen sind auch solche, die von einzelnen in letzter Linie getragen werden. Und wenn uns immer gesagt wird bei allem Tun: ,Ja, ihr könnt aber den Gang der Welt nicht ändern', dann sollen wir antworten: ,Vielleicht können wir den Gang der Welt nicht ändern, aber wir können jedenfalls das tun, was uns als Einzelnen möglich ist'. Und wenn dieses Tun, diese Einstellung einmal exemplarisch geworden ist, dann werden sich auch gesellschaftliche Tendenzen ändern, denn sie sind in Wahrheit nichts Übermenschliches, sondern etwas Menschliches." (GS 13, 150 f.)

b) Schopenhauers Einfluß auf die Kritische Theorie

„Die beiden Philosophen, welche die Anfänge der Kritischen Theorie entscheidend beeinflußt haben, waren Schopenhauer und Marx", schrieb Horkheimer 1969 in einem Essay über die Kritische Theorie (GS 8, 336). Schopenhauers Einfluß fand seinen Ausdruck in Horkheimers These, daß Leiden eine Konstante in der Geschichte der Menscheit bilde. Es sei nicht auszuschließen und sogar wahrscheinlich, daß in der Zukunft Krankheit, Epidemien und Hunger – die Hauptquellen des Leidens der Vergangenheit – in der okzidentalen, technologisch entwikkelten Welt sich reduzieren ließen, wenn nicht eine kosmische Katastrophe oder ein neuer Weltkrieg ausbreche. In der Zukunft werden jedoch weiter Leiden bestehen, weil man einerseits Krankheiten und Tod nicht abschaffen könne und andererseits sich an den Gedanken gewöhnen müsse, daß mit der Abschaffung alter Leiden und Mängel immer wieder neue entstünden. Solange die Sensibilität für Leiden, Qual, Not und Unrecht der Menschheit nicht verlorengehe, werde das kritische und negative Denken unentbehrlich sein.

Kritische Theorie betrachtet die Geschichte so, wie sie in Wirklichkeit ist, d. h. als Leidensgeschichte. In einem Aufsatz über *Pessimismus heute*, schildert Horkheimer die Ereignisse der letzten Jahrhunderte, die gekennzeichnet seien „durch unbeschreibliche Foltern und Morde im Namen der Religion der Nächstenliebe", vergleichbar heute etwa dem Terrorismus, der im Namen der kommunistischen Gerechtigkeit agiere: „Das ruhige Dasein mancherorts in der Gegenwart verdankt sich dem Grauen dessen, was geschehen ist und noch geschieht." (GS 7, 228) Horkheimer behauptet, daß Schopenhauer aus der Geschichte die richtige Konsequenz zog: Die Einsicht in die Schlechtigkeit des Lebens habe ihre Wurzeln in der Geschichte selber, diese Geschichte sei vom Leiden geprägt; richtig sei auch seine Forderung von Solidarität mit den Leidenden, mit Mensch und Tier, die Abkehr von der Eigenliebe, vom Drang zum individuellen Wohlergehen als letztem Ziel. (Ebd. 227 f.) Diese Ideen Schopenhauers beeinflußten die Entwicklung der Kritischen Theorie und bilden den Hintergrund für ihre pessimistische Einstellung.

Schopenhauers Pessimismus ist keineswegs unbedingt, und auch in dieser Hinsicht besteht eine Affinität zwischen ihm und dem Pessimismus der Kritischen Theorie. Der Autor des Werkes *Die Welt als Wille und Vorstellung* hat gelehrt, daß die Rückkehr jener, die der Eigenliebe ledig sind, in den allgemeinen Willen eine Art Erlösung bilde. Dieser Trost ist ein christliches Motiv dieser Lehre, aber das Gemeinsame mit der Kritischen Theorie ist in einem anderen Bereich zu suchen. In Schopenhauers pessimistischer Philosophie kündigte sich nämlich an, was die technologische moderne Gesellschaft, nach Horkheimer, praktisch realisiert: Prinzipien der verwalteten Welt prägen den Charakter der Beziehungen der Menschen zueinander und zur materiellen Welt. Die menschliche Seele wird versachlicht und in eine Welt integriert, in der „alles dirigiert wird und der Spielraum für freie Initiative immer geringer werden wird". (GS 7, 348) Der einzelne, eigentlich eine Welt an sich und für sich, wird *de facto* null und nichtig und spielt in der verwalteten Welt, in der Büro- und Technokratie regieren, keine Rolle mehr. Das Individuum muß zuverlässig funktionieren, und wenn es nicht gehorsam ist, ist es unnormal, nicht unmoralisch. Horkheimer betrachtet den technischen Fortschritt als eine große Gefahr für die Sehnsucht, „die den vom Elend der Vergangenheit, dem Unrecht der Gegenwart und der Aussicht auf eine des geistigen Sinns entbehrende Zukunft wissenden Menschen gemeinsam ist ... Die durch ihre Sehnsucht Verbundenen vermöchten über ein Absolutes, Intelligibles, über Gott und Erlösung nichts auszusagen ... jedoch die Solidarität zu verbreiten, was im Angesicht des, wenn auch teuer zu bezahlenden so doch notwendigen, Fortschritts, zwecks Minderung des Leidens zu verändern oder zu bewahren ist. Mit theoretischem Pessimismus könnte eine nicht unoptimistische Praxis sich verbinden, die, des universalen Schlechten eingedenk, das Mögliche trotz allem zu verbessern sucht." (GS 7, 232) Die Leiden, die Horkheimer als Leiden der Zukunft beschreibt, bestehen darin, daß der technologische Progreß und die Perfektionierung der Technik auf dem Gebiet der computerisierten Automatik den Geist, das Denken und die Phantasie daran hindern, die ihnen innewohnenden Fähigkeiten und Kräfte zu entfalten. Dies führe auch zu träger Indifferenz und zunehmend zur Unfähigkeit, Glück und Genuß zu erleben. Infolgedessen liefere der Zustand der verwalteten Welt den besten Beweis dafür, daß Schopenhauers Pessimismus und seine Verteidigung der individuellen Persönlichkeit bis auf den heutigen Tag nichts von seiner Aktualität eingebüßt habe.

Schopenhauer ignoriere den gesellschaftlichen Faktor oder ziehe ihn kaum in Betracht, weil er überzeugt ist, daß „im Menschengeschlecht nur die Individuen und ihr Lebenslauf real, die Völker und ihr Leben bloße Abstraktionen (sind)". Seine Ablehnung, eine repressive Gesellschaft radikal zu verändern, erklärt Horkheimer sarkastisch, sei nicht philosophisch motiviert, „sondern ganz offen durch die Freiheit, der er durch sein Vermögen und seine Rente (in dieser Gesellschaft, Z. V.) teilhaftig ist". (GS 7, 48) Die Kritische Theorie könne sich diese Abstinenz nicht leisten, weil die Gesellschaft in ihrer Analyse eine entscheidende Rolle spiele. (Ebd., 50–51) Horkheimer stimmt dagegen Schopenhauer zu, wenn er den Mythos der Nation verwirft und den Nationalismus bekämpft, und ist auch bereit, allerdings mit gewissen Modifikationen, dessen in diesem Kontext geäußerte These von der schwindenden Bedeutung des Individuums anzunehmen: „Angesichts der schwindenden sozialen Bedeutung des Einzelnen stimmt Schopenhauers Urteil über das Ich auch mit gesellschaftlichen Tendenzen der Gegenwart überein." Nicht wenige der geistigen Eigenschaften, die den Menschen in Schopenhauers Auffassung charakterisieren – Religiosität, Achtung vor Tradition, Philosophie usw. –, würden in der verwalteten Welt ihre Funktionen verlieren und früher oder später als infantile Erscheinungen des menschlichen Geistes erscheinen. Die Liberalisierung der Theologie, die Wendung des Ästhetischen zum Abstrakten, die Betrachtung der Philosophie als antiquitierten Zweig der Wissenschaft seien bereits eindeutige Beweise für diese Entwicklung. Die künftige Entwicklung der Vernunft, so Horkheimer, werde den Prinzipien der modernen Wissenschaft gehorchen. Mit dem Glauben an die Naturwissenschaft zu leben sei vielleicht zeitgemäß, aber zugleich für den wirklich Denkenden sehr schwer, „es sei denn, er mache wirklich das Nichts zu seiner metaphysischen Hoffnung. Individuelles Dasein scheint gegenüber der Statistik zunehmend irrelevant. Das Unrecht in der Vergangenheit und Gegenwart, der Tod der Gemarterten, die Lust der Missetäter" bleibe unerträglicherweise „für den Betroffenen, zumindest für das Ich der Opfer, das letzte Wort". (GS 7, 250)

c) Horkheimers Auffassung des Judentums

In Horkheimers Werk spielt das Judentum eine exponierte Rolle. Die Tatsache, daß in der *Dialektik der Aufklärung* die monotheistische jüdische Religion als wahrhaft aufgeklärte Religion betrachtet wird, ist ein wichtiges Indiz der positiven Einstellung Horkheimers zum Judaismus. Mit Sicherheit übten das jüdische konservative Elternhaus, die Erziehung im Geiste der jüdischen Religion, der nationalsozialistische Judenhaß und die über drei Jahrzehnte andauernde Beschäftigung mit den Quellen des Antisemitismus sowie, last but not least, der Holocaust einen enormen Einfluß auf Horkheimers Gedankenwelt aus.

In einem Vortrag über Antisemitismus, den er im Rahmen eines Symposions der Psychoanalytic Association of San Francisco 1944 hielt, erklärte Horkheimer, daß er schon seit 1930, als er noch in Frankfurt lebte, sich bewußt war, daß das Antisemitismusproblem „eine reale Gefahr für Deutschland und für die übrige Welt darstelle". Im Hinblick auf diese Gefahr versuchte er, ohne signifikanten Erfolg, herausragende Persönlichkeiten des öffentlichen Lebens in Deutschland, Frankreich und in anderen europäischen Ländern von der Bedrohlichkeit dieses Phänomens zu überzeugen. (vgl. Ernst Simmel, 23; auch GS 5, 364)

Horkheimers Abhandlung *Die Juden und Europa* trägt einen irreführenden Titel. Mehr als zwei Drittel des Aufsatzes sind dem Kapitalismus gewidmet, den Horkheimer für die Entstehung des Faschismus verantwortlich macht. Der berühmte Satz: „Wer aber vom Kapitalismus nicht reden will, sollte auch vom Faschismus schweigen", wurde hier formuliert. (GS 4, 308) Horkheimers Schrift ist von jüdischen Gelehrten, wie aus seinem Briefwechsel z.B. mit Andries Sternheim hervorgeht, mit gemischten Gefühlen aufgenommen worden. Am 24. März 1940 schrieb Sternheim, der frühere Leiter der Zweigstelle des Instituts in Genf: „Über Ihren Aufsatz zum Judenproblem wäre vieles zu sagen. Nur scheint es mir, als sehen Sie den Antisemitismus zu sehr als Auswuchs des Nationalsozialismus. Gewiß ist diese Lehre nicht denkbar ohne Antisemitismus, aber umgekehrt ist der Antisemitismus doch eine Erscheinung, welche z. B. auch im Mittelalter vorhanden war. Auch er (der bekannte Rechtssoziologe Hugo Sinzheimer) hat Ihren Aufsatz mit besonderem Interesse gelesen. Er bat mich jedoch Ihnen zu sagen, daß Sie seiner Meinung nach das Problem zu sehr als ökonomisch bedingt betrachteten". (HA)

Horkheimers Analyse des Antisemitismus war von Marx inspiriert und dem Aufsatz vom Marx *Zur Judenfrage* in zwei Punkten ähnlich. Erstens werden, wie bei Marx, in seiner Darstellung die Judenverfolgungen mit der besonderen Rolle der Juden in der Wirtschaft erklärt: „Der Schacher und das Geld" bei Marx, „Sphäre der Zirkulation" bei Horkheimer. Zweitens erkennt Marx im Judentum ein antisoziales Element. (Schr. 1, 482) Horkheimer war jedoch, weit entfernt von Marx, der Meinung, daß die „Sphäre der Zirkulation" ihre ökonomische Bedeutung verliere. Im Liberalismus habe das Geldkapital eine nützliche Funktion erfüllt. Mit der zunehmenden Ausschaltung des Marktes falle auch die Rolle des Geldes weg, die Juden würden entmachtet und als ohnmächtige Objekte der bestehenden Ordnung behandelt. (GS 4, 325–326) Mit dieser Ansicht nähert sich Horkheimer wieder Marx, der meinte, Juden wären die Opfer eines ökonomischen Prozesses, seien aber an diesem auch beteiligt, weil sie eben Kapitalisten seien. Horkheimer erklärt den Antisemitismus durch den Nationalsozialismus, der seinerseits ein Erzeugnis des liberalen Kapitalismus sei, der sich mit den eigenen, traditionellen Mitteln nicht mehr aufrechterhalten könne. Da viele Juden in Horkheimers Darstellung der liberalen Bourgeoisie angehören, hatten manche Leser, besonders jüdische unter ihnen, den Eindruck, er wolle sagen, daß die Juden selbst am Antisemitismus schuld seien – eine falsche Konklusion, die Horkheimers Intentionen vollkommen widersprach.

Horkheimer befaßte sich im Rahmen seiner Tätigkeit im American-Jewish-Committee und im jüdischen akademischen Schulwesen – er bekleidete eine Professur am College of Jewish Studies in Los Angeles – vielfach mit Problemen des Judentums. Er besaß sehr solide und umfassende Kenntnisse auf diesem Gebiet. Die Werke von Maimonides, Mendelssohn, Hermann Cohen, Leo

Baeck, Martin Buber u. v. a. sowie der nicht-jüdischen Theologen Karl Barth, Tillich, Bultmann, Wellhausen, von Harnack waren ihm durchaus bekannt. Er hielt viele Vorlesungen für jüdische Organisationen in den USA, in Deutschland und in der Schweiz.

In einem „Offenen Brief an Max Horkheimer" zu dessen 70. Geburtstag äußerte Adorno die Meinung, daß das, was man als Horkheimers „materialistische Metaphysik" bezeichne, im Grunde genommen „alttestamentarisches Bewußtsein" sei (*Die Zeit*, 12. 2. 1965), eine Behauptung, der Horkheimer in seinen Bemerkungen zu diesem Brief vollkommen zustimmte. „Ich fand" – so Horkheimer – „in dem Brief Entscheidendes an mir, an meinen Regungen und Intentionen, an der eigenen Vergangenheit, die in der Gegenwart in mir noch wirksam ist, zum ersten Mal mit Namen genannt." Einige Ansichten Horkheimers bestätigen Adornos These. Bereits in seinen frühen Aufzeichnungen bezeichnet er z. B. die Seele als „ein Nichts". In seinem Aufsatz *De Anima* behauptet er, daß der Begriff der substantiellen unsterblichen Seele, der nicht mit der ursprünglichen Tradition der Bibel übereinstimme, im Widerspruch stehe zur modernen Wissenschaft, Technik und Philosophie, aber auch zur Psychoanalyse, die über eine szientistische Auffassung der Seele hinausgehe.

Die alttestamentarische Auffassung der Seele und des Menschen stimmt mit Horkheimers materialistischer Konzeption überein. Der Mensch ist erschaffen aus dem Staube der Erde (Gen. 2, 4–7), was bedeutet, daß er als Einheit aus Seele und Körper geschaffen ist. „Ich meine jedoch", so Horkheimer, „daß, von einzelnen Vorläufern abgesehen, der Begriff einer vom Körper trennbaren, ihn überdauernden Seele, die Lehre von den aus zwei Substanzen, Leib und Seele, bestehenden Menschen einer vom biblischen Wortlaut unabhängigen Entwicklung sich verdankt." (GS 7, 198) Die Idee der Seele steht laut Horkheimer für ein anderes: für die Sphäre, welche der von Kant als bloße Erscheinung erwiesenen Welt zugrunde liegt. In seinen Aufzeichnungen, die im Horkheimer-Archiv aufbewahrt sind, weist er darauf hin, daß sich im Christentum der Glaube an die Individualseele und ihrer Erlösung nach dem Tod, also der egoistische Standpunkt, durchgesetzt habe, während im Judentum die Seele ein Kollektiv-Begriff sei, der sich in Einheit auf das Volk und seine Geschichte bezieht. „Die Juden … wußten, daß allzuoft sie selbst zu jenen zählten, die den Schwertern der Barbaren, den Folterkammern und den Scheiterhaufen preisgegeben waren. Eher jedoch haben sie die eigenen Toten, ihr eigenes Volk, die Individuen, wie das Kollektiv, zu den mit Recht Bestraften gerechnet, als auf die Liebe und den Überschwang, das Lob Gottes zu verzichten … Erleichtert war die Unbeirrbarkeit … durch den Zustand, daß im Judentum der Lehre von der Einzelseele nicht schon die Bedeutung zukommt, wie im Christentum." (Ebd., 210)

Die Auffassung einer solidarischen Einheit des Volkes ließ im Judentum die Idee einer substantiellen und individuellen Seele nicht aufkommen. Die organische Verbindung von Materie und Geist, Geschichte und Bewußtsein, die ein Charakteristikum der Philosophie Horkheimers bildet, ist im wesentlichen im Weltbild des Judentums verankert und von ihm bewußt den Prinzipien des Christentums entgegengestellt worden: „Zu den entscheidenden Begriffen christlicher Religion gehört, wenn ich recht verstehe, die mit dem bestimmten individuellen Ich unlösbar verbundene individuelle Seele. Wie kann man glauben, daß etwas so Labiles, Ephemeres wie das Ich des Menschen, mag es sich noch so versteifen, ewig sei."

Die Affinität der Kritischen Theorie zum Judentum besteht im Gedanken, daß nicht der einzelne, wie in vielen anderen Religionen, der Adressat der Heilsbotschaft ist. Horkheimer weist darauf hin, daß bei den Juden das Individuum und das Volk eins sind, und daß man den einzelnen von der Allgemeinheit nicht trennen kann. Der Mensch existiert als Glied eines Volksverbandes, an dessen Schicksal er unlösbar Anteil hat. Der Jude Horkheimer weiß sich als Teil eines Ganzen, d. h. der Menschheit, und glaubt, daß er mit seiner täglichen Arbeit für das Wohl der Menschheit tätig ist. „Die Märtyrer des Christentums" – schreibt Horkheimer – „haben alle furchtbaren Qualen leichter erduldet, weil sie geglaubt haben, ihr irdisches Dasein sei nur ein kurzer Durchgang in die ewige Seligkeit, der sie persönlich teilhaftig werden – das ist besonders wichtig. Ganz anders der jüdische Märtyrer. Er hat zumindest nicht notwendig daran geglaubt, etwas für sich persönlich zu erreichen, sondern er war der Überzeugung, in seinem Volk weiterzuleben … Wenn Sie das Alte Testament lesen … dann finden Sie dort, daß das Wort ‚Du‘ sowohl auf den Einzelnen wie auf das ganze Volk zutrifft, ohne daß man es eindeutig trennen könnte … Und jetzt komme ich zu dem Punkt, an dem das Judentum für mich so interessant ist: Die Identifikation nicht mit *dem*, sondern mit *den* Anderen. Ich bin am Schicksal der Anderen interessiert, ich weiß mich als Glied der Menschheit, in der ich fortleben werde." (GS 7, 389 f., 401)

Im Prinzip der Einheit von Individuum und Allgemeinheit sieht Horkheimer den Zusammenhang der Kritischen Theorie mit dem Judentum. Das eigentliche Ziel der Kritischen Theorie ist es, zu verhindern, daß die Menschen sich an Ideen und Institutionen verlieren, die die bestehende Gesellschaft ihnen einimpft bzw. aufzwingt. Laut Horkheimer sollten die Menschen den Zusammenhang ihrer besonderen Existenz mit dem Ganzen der Menschheit einsehen lernen, um die Diskrepanz zwischen dem, was die individuelle Tätigkeit will, und dem, was sie tatsächlich erreicht, besser zu verstehen und ihr zum Trotz dennoch so zu handeln, daß die Gefahren der verwalteten Welt zumindest eingeschränkt werden. (Ebd. 401)

Aus dem Zusammenhang zwischen den individuellen Menschen und der Menschheit ergibt sich die Solidarität der Menschen untereinander. Marx wollte, so Horkheimer, menschliche Solidarität auf die Arbeiter beschränken und sei unter anderem deswegen in seiner Lehre und seinen Prognosen gescheitert. Die Juden hingegen hätten den Begriff der Solidarität auf die Allgemeinheit – zunächst des eigenen Volkes, dann der Menschheit – ausgeweitet. Ihre ganze Geschichte beweise, daß sie das Gefühl der Solidarität entfalteten, ohne sich als einzelne davon einen Nutzen oder Gewinn zu erwarten. „Ich habe erlebt und erfahren, daß in der gesamten Geschichte die Juden das – soweit ich weiß – einzige oder wenigstens eines der ganz wenigen Völker waren, die zusammenhielten, ohne daß sie ein Land, ja ohne daß sie irgendeinen besonderen Vorteil davon hatten." (Ebd.)

Horkheimer präzisiert den jüdischen Begriff von Solidarität dahingehend, daß er die Freiheit und Autonomie des einzelnen dialektisch, durch konstruktive Negation, mit der Solidarität verbindet. Der einzelne wird zum „Urheber und ... alleinigen Hüter" der gesellschaftlichen Errungenschaften gemacht, und doch habe die Geschichte, wie Horkheimer in den *Notizen in Deutschland* bemerkt, nicht das Individuum, sondern die Menschheit zum Subjekt. Horkheimer wünschte sich ein Bewußtsein, das „unter Realisierung der Vergänglichkeit des individuellen Subjekts an dessen Einzigkeit festhielte und eine Gesellschaft entfaltete, in der trotz Nichtigkeit der Einzelne den Zweck des Ganzen bildete, dem zu dienen eben darum für ihn sinnvoll wäre".

In seinen Aufzeichnungen wies Horkheimer auf die Bedeutung der Gebote der jüdischen Religion als Basis und Stütze für die Verwirklichung des israelitischen Gemeinwesens hin. In der Ausübung der Gebote werde das Sichzusammenfinden realisiert. Angesichts des Hasses seiner Umwelt habe die Treue zum Bekenntnis den Juden vor dem Ressentiment bewahrt. (GS 6, 413) Solidarität und Freiheit von Haß charakterisierten den nichtatomistischen, d. h. nicht isolierten Menschen. In diesem Zusammenhang erhält das Prinzip der Nächstenliebe sein besonderes Gewicht. Horkheimer interpretiert den Satz des Alten Testaments „Liebe Deinen Nächsten wie Dich selbst" im Sinne einer Liebe, die aus dem Glauben resultiere, daß „der Nächste so ist wie Du", daß es etwas in jedem Menschen gebe, das identisch ist: „Es ist doch auch durchaus möglich, daß die Übersetzung ‚Liebe Deinen Nächsten wie Dich selbst' nicht ganz die richtige ist, sondern daß es eigentlich heißen müßte ... ‚Liebe Deinen Nächsten, er ist wie Du'." Diese Übersetzung des Bibelspruchs beseitige das egoistische Element, das dem Satz: „Liebe Deinen Nächsten wie Dich selbst" anhafte. (GS 7, 297 f.) Der hebräische Text läßt beide Deutungen durchaus zu.

Während des Krieges hat Horkheimer immer mehr die Überzeugung gewonnen, daß die Geschichte der Juden als Exempel einer Leidensgeschichte dienen könne. Seiner Auffassung, daß die Juden Opfer von Verfolgungen und sogar der Vernichtung schon viele Generationen vor Hitler gewesen seien, gab er Ausdruck in einem seiner Briefe an Pollock: Antisemitismus sei immer totalitär gewesen, er sei die Inkarnation des Totalitarismus bereits tausend Jahre vor dem Nazismus, wie die Geschichte des ersten Kreuzzugs in Deutschland 1096 zeige. Antisemitismus bedeute immer mehr als „Kampf den Juden", er bedeute „Löscht sie aus, alle, nicht einer soll überleben!". Das sei das totalitäre Ideal, ein System, aus dem es kein Entrinnen gäbe. Das sei einer der Punkte, dem man nachgehen wolle: den Begriff des Totalitarismus analysieren im Zusammenhang mit Tod und Vernichtung. (Brief vom 11.4.1943, HA)

In einem unveröffentlichten Brief Adornos an Horkheimer vertrat dieser die These, daß die Funktion der Leidenden und Gequälten von den Proletariern auf die Juden übergegangen sei. Horkheimer akzeptierte diese These vollkommen. „Mir geht es allmählich so, auch unter dem Eindruck der letzten Nachrichten aus Deutschland", schrieb Adorno, „daß ich mich von dem Gedanken an das Schicksal der Juden überhaupt nicht mehr losmachen kann. Oftmals kommt mir vor, als wäre all das, was wir unterm Aspekt des Proletariats zu sehen gewohnt waren, heute in furchtbarer Konzentration auf die Juden übergegangen." (5.8.1940, HA) In seinem Brief an Adorno, zirka sechs Wochen später, weist Horkheimer darauf hin, daß die Juden überall schrecklich leiden und „sogar in England ins Konzentrationslager geschickt wurden". Er meint hier die jüdischen Flüchtlinge aus Deutschland, die nach dem Ausbruch des Krieges in England als deutsche Staatsbürger, d.h. als Feinde behandelt worden waren. Er äußert in diesem Zusammenhang seine Meinung, daß „die Judenfrage die Frage der gegenwärtigen Gesellschaft ist".

Auschwitz verstärkte in hohem Maße, was sich schon früher in Horkheimers Gesellschafts- und Geschichtsphilosophie fand: das Motiv des Leidens auf Erden und die Auffassung der Geschichte als Leidensgeschichte. Auschwitz bestätigte nach Horkheimer den Pessimismus, der jeden beschwichtigenden Trost ablehnt. Auschwitz kann auch als Beispiel für Entfremdung, Isolierung, Trostlosigkeit, Grausamkeit und die katastrophalen Widersprüche der Welt und des menschlichen Lebens dienen. Als jüdischer Intellektueller, der dem Martertod unter Hitler entronnen ist, betrachtet Horkheimer als seine Hauptaufgabe mitzuwirken, daß das Entsetzliche nicht wiederkehrt und nicht vergessen wird. (GS 6, 417) Vom Leid und Tod der jüdischen Opfer bedrängt und geprägt durch die furchtbaren Erfahrungen mit dem totalitären und verbrecherischen NS-Staat, stellt Horkheimer die folgende Behauptung auf, die sich auf die ganze jüdische Geschichte, von der Zerstörung des jüdischen Staates im antiken Israel bis zum Holocaust, stützt: „Kein Volk hat mehr erlitten als das jüdische. Die Weigerung, Gewalt als Argument der Wahrheit anzuerkennen, bildet in seiner Geschichte den durchgehenden Zug. Aus dem Leid, das aus ihm erstand, hat es ein Moment der Dauer und Einheit gemacht. Anstatt die Auflösung zu bewirken, oder besondere Bosheit und Gemeinheit zu erzeugen ... hat sich Unrecht in eine Art Erfahrung umgesetzt. Leid und Hoffnung sind im Judentum untrennbar geworden." In einem Gespräch mit Pollock meinte Horkheimer, daß in jedem Gedanken, der nicht durch das bloße Bedürfnis nach Selbsterhaltung diktiert sei, mitschwingen müsse die Angst vor Auschwitz, die Erinnerung an die Gaskammern und an die Folterungen der Juden. (GS 14, 343)

Horkheimer begründet seinen Verzicht auf die Beschreibung einer besseren, gerechteren Gesellschaft, in deren Namen er Kritik an der bestehenden übe, mit dem alttestamentarisch-jüdischen Bilderverbot und dem Verbot, den Namen Gottes zu mißbrauchen. (vgl. Exodus 20, 1–7) Er gibt diesem Verbot eine universale Bedeutung und setzt die prinzipielle Nichtbenennbarkeit Gottes mit der Nichtbenennbarkeit und Unmöglichkeit der Beschreibung des absoluten Guten und eines jeglichen Guten gleich. Laut Horkheimer stehen die charakteristischen Eigenschaften des jüdischen Geistes in Zusammenhang mit dem Bilderverbot und der Nichtbenennbarkeit Gottes. Er nennt als solche Eigenschaften: „die oft bemerkte Neigung jüdischer Geistigkeit zu Analyse und Kritik", die „negativen kritischen Momente, das nicht ‚Mittun', die theoretische Unerbittlichkeit", „die Abwehr dessen, was nur beansprucht absolut zu sein und nicht ist", „Befreiung aus dem Götzendienst", „Zurückhaltung gegenüber einer festen dogmatischen Bestimmung des Begriffs des Absoluten im Gegensatz zur Welt".

Das Bilderverbot spielt eine enorme Rolle in der Kritischen Theorie, was kein Zufall ist, sondern Resultat der negativen und kritischen Momente, die Horkheimer nicht nur dem jüdischen Geist, sondern auch der deutschen klassischen Philosophie und Schopenhauer zuschreibt. War doch die ganze Kritische Theorie als Kritik der „schlechten" Wirklichkeit kritischnegativ inspiriert.

Ein anderes Beispiel für diese negativ-kritische Haltung Horkheimers ist sein Begriff des „ganz anderen". Er wird von Horkheimer (und Adorno) für das benutzt, was in der Theologie „Gott" oder „das Absolute" heißt. In einem Interview nach dem Tode von Adorno beantwortete Horkheimer die Frage: „Existiert Gott und was läßt sich über ihn sagen?" auf folgende Weise: „Ich kann nicht einfach antworten, indem ich sage: Gott gibt es, und Gott ist gerecht und gut, weil man das Wort gerecht und gut wie das Wort Gott selber letzten Endes … gar nicht positiv formulieren kann, sondern nur durch das, was eigentlich *nicht* Gott ist. Trotzdem steckt in diesem Negativen die Bejahung eines ‚anderen', das man nur durch eben dieses Wort des ‚anderen' bezeichnen kann." (GS 7, 293–294)

In Wirklichkeit war Horkheimer überzeugt, daß angesichts von Auschwitz, des Leidens, der Not, des Schreckens und des Unrechts es unmöglich sei, im Sinne des christlichen Dogmas an die Existenz eines allmächtigen Gottes zu glauben. (Ebd., 387) Deswegen spricht er von der „Sehnsucht nach dem ganz Anderen" als „Sehnsucht nach vollendeter Gerechtigkeit" (393), als „Sehnsucht danach, daß es bei dem Unrecht, durch das die Welt gekennzeichnet ist, nicht bleiben soll" (350), daß „dieses Unrecht, daß der eine schuldlos zu Tode gemartert wird, der Henker triumphiert, nicht das letzte Wort (der Geschichte) sei" (351). Die bekannte Äußerung Horkheimers: „Einen unbedingten Sinn zu retten ohne Gott, ist eitel" muß man in diesem Zusammenhang lesen, um sie richtig zu verstehen. Wie gesagt, Horkheimer glaubte nicht an das Dogma eines allmächtigen Gottes. In bezug auf die Welt und den Menschen vertrat er immer den materialistischen Standpunkt. Die Welt war für ihn, wie für Schopenhauer, „ein Kügelchen mit einem Schimmelüberzug, schwebend im unendlichen Universum", der Mensch ein „Ganzes von Körper und Seele und Individuum und Gesellschaft" und ein leidendes und sterbendes Wesen, das um eine bessere Existenz kämpft. (GS 7, 59–61, 351–353) Mit seiner Erklärung, daß „es in der jüdischen Religion nicht so sehr darauf ankommt, wie Gott ist, sondern wie der Mensch ist" (Ebd., 387), tritt er in die Fußstapfen von Hermann Cohen und Leo Baeck, die infolge einer Textanalyse des Alten Testaments bereits vor Horkheimer zu diesem Schluß gekommen waren.

Schon in den dreißiger Jahren, im Aufsatz *Gedanken zur Religion*, erklärte Horkheimer, daß das Streben nach einer Erneuerung der Religion sich nicht erfüllen könne, weil das religiöse Gewand bereits abgelegt worden sei und das Streben jetzt einer besseren und säkularen Welt gelte. Horkheimer betrachtete sich nicht als Atheist im Sinne der jüdischen Tradition, in der Gott nicht darstellbar ist. Es liegt jedoch auf der Hand, daß er kein Theist oder Deist im christlichen Sinn ist.

Die Kritische Theorie besetzt den Platz, den Gott infolge der Aufklärung und Entzauberung der Welt verloren hat, weder mit neuen Göttern, noch mit dem Menschen bzw. mit der Menschheit, die nach der junghegelianischen Konzeption von Bruno und Edgar Bauer und Feuerbach zum Gotte geworden sei. Es scheint, daß die Kritische Theorie, enttäuscht von der traditionellen Religion, aber auch von der depravierten Aufklärung, versucht, „Metaphysik" ohne Begriff des Absoluten und „Theologie" ohne jeden religiös-dogmatischen Inhalt zu betreiben. Die Kritische Theorie „hat die Theologie abgelöst, aber keinen neuen Himmel gefunden, auf den sie weisen kann, nicht einmal einen irdischen Himmel". (GS 6, 253)

Horkheimers Beschäftigung mit dem Judentum und dem Alten Testament und seine Tendenz, Gott durch „das andere" zu ersetzen, resultieren aus seiner Anschauung, daß wir uns zwar auf Gott nicht berufen, aber so handeln können, als ob es Gott gäbe, und diese Haltung sei auch eine der wichtigen Quellen unserer Moral.

III. Wirkung

1. Horkheimer und die Mitglieder des Instituts

In seinem Gespräch mit Leo Löwenthal über die Geschichte des Instituts für Sozialforschung erwähnte Dubiel die Vorgeschichte der Gründung und die ersten Jahre des Bestehens und stellte danach Fragen im Zusammenhang mit Löwenthals eigenen Aktivitäten am Institut. Darauf bekam er von Löwenthal die Antwort: „Vorgeschichte hin oder her, das Institut in dem Sinne, in dem wir davon sprechen, ist eindeutig das intellektuelle Produkt von Max Horkheimers Tätigkeit, das kann man in gar keiner Weise leugnen." (Löwenthal, 65)

Löwenthal, der von 1926–1949 am Institut tätig war, in engem intellektuellem Kontakt mit Horkheimer, Pollock und den anderen Mitgliedern des Instituts stand, die *Zeitschrift* unter der Leitung von Horkheimer redigierte, stark involviert war in die praktischen Angelegenheiten des Instituts, finanziell wie administrativ, ist der beste Zeuge für das, was sich am Institut abspielte. Seiner Ansicht nach war Horkheimer in jeder Hinsicht, sowohl auf intellektuellem als auch auf finanziellem und administrativem Gebiet, die führende Persönlichkeit, die einen großen, oft entscheidenden Einfluß auf alle Mitglieder des Instituts und ihre geistige Tätigkeit ausübte.

Im Institut für Sozialforschung arbeitete Horkheimer aufs engste zusammen mit einer Reihe von hochbefähigten jungen, linksorientierten Intellektuellen, mit wenigen Ausnahmen jüdischer Herkunft. Er koordinierte ihre Anstrengungen und diskutierte mit ihnen alles, was sie im Institut konzipierten und forschten. Zum engeren Institutskreis zählten Friedrich Pollock, Leo Löwenthal, Herbert Marcuse, Theodor Wiesengrund-Adorno und einige Zeit auch Erich Fromm. Zum weiteren Mitarbeiterkreis gehörten außerdem: Walter Benjamin,

Henryk Grossmann, Franz Neumann, Otto Kirchheimer und Karl-August Wittfogel.

Horkheimers exponierte Position in der Gruppe fand ihren Ausdruck nicht nur in seiner leitenden institutionellen Tätigkeit, sondern auch als anerkannter Haupttheoretiker des Kreises. Diese Tatsache hat Dubiel anhand einer quantitativen Analyse der gegenseitigen Zitierungen der Mitglieder des Kreises um Horkheimer in ihren Aufsätzen in der *Zeitschrift für Sozialforschung* festgestellt. Die Analyse umfaßte Horkheimer, Pollock, Löwenthal, Fromm, Adorno, Marcuse und Benjamin. Die Gesamtzahl der gegenseitigen Zitationen beläuft sich auf 41, davon wird Horkheimer allein 28 Mal zitiert, siebenmal mehr als Fromm und Marcuse, die nach Horkheimer Meistzitierten, die je viermal zitiert sind. (Dubiel, 194)

In einem Dokument, das im Marcuse-Archiv in Frankfurt vorhanden ist, erzählt Herbert Marcuse einem amerikanischen Journalisten über das Institut und die Personen, die am Institut angestellt waren. Über Max Horkheimer sagt er folgendes: „Horkheimer war der Direktor des Instituts. Er war ein gründlich ausgebildeter, vielseitiger Philosoph und Soziologe mit reichen Kenntnissen auf diesen Gebieten und dazu noch ein Finanzgenie, fähig, die materielle Basis des Instituts zu sichern – nicht nur in Deutschland, sondern auch später in den Vereinigten Staaten: ein großartiger Mann." Derselben Meinung ist auch Jürgen Habermas, der Horkheimers Tätigkeit in Amerika und seine Rolle als „Team-Leader" so beschreibt: „Horkheimer muß damals als Person, als intellektueller Anreger, origineller Denker, Philosoph und Wissenschaftsmanager gleichermaßen eindrucksvoll gewesen sein, sonst hätte er nicht diese vielen produktiven, hochbegabten, in Temperament, Herkunft, und Orientierung verschiedenen Wissenschaftler über Jahre an sich und sein Programm binden können." (Habermas 1991, 96; vgl. auch Schmidt/Altwicker, 167) Die kollektive Identität des Instituts wäre ohne Horkheimer nicht zustande gekommen; sie war die Folge seiner Persönlichkeit, seiner intellektuellen Kraft und seiner organisatorischen Begabung. „Sie können sich nicht vorstellen", meinte Pollock in einem Gespräch mit Martin Jay,

„wie viele Dinge in der Geschichte des Instituts und auch *in den Schriften der Mitglieder* (Hervorhebung, Z. R.) auf Horkheimer zurückgehen. Ohne ihn hätten sich alle „von uns vermutlich in anderer Weise entwickelt." (Jay, 335) Nach Habermas' Meinung wurde Horkheimer „auch unumstritten als der spiritus rector des gemeinsamen Forschungsprogramms anerkannt". (Habermas 1991, 91; Schmidt/Altwicker, 163) Dubiel betont mehrmals Horkheimers führende Position und schreibt im Resümee: „Max Horkheimer hatte in seinem Kreis die institutionelle und kognitiv dominierende Position inne." (Dubiel, 205) Wer heute versucht, Horkheimer von der intellektuellen Mitte an die Peripherie der Frankfurter Schule abzuschieben, sollte bedenken, ob er damit nicht die Wahrheit entstellt.

Horkheimers Werke wurden in viele Sprachen übersetzt. Im Horkheimer-Archiv kann man eine Reihe von Briefen finden, die italienische Verleger bereits in den fünfziger Jahren an Horkheimer schickten, um die Bedingungen der Herausgabe seiner deutsch und englisch geschriebenen Arbeiten zu vereinbaren. Im Laufe der Zeit erschienen seine Werke in 17 Sprachen, u. a. auf Französisch, Spanisch, Japanisch, Serbo-Kroatisch, Russisch, Polnisch, Hebräisch, Ungarisch, Tschechisch und Holländisch. Einige seiner in deutscher Sprache verfaßten Bücher wurden ins Englische übersetzt und erschienen in den Vereinigten Staaten.

Horkheimer entwickelte seine Kritische Theorie nicht allein, sondern in Zusammenarbeit mit den anderen Mitgliedern des Instituts. Man kann Habermas durchaus zustimmen, daß die andere Seite der zentralen Position von Horkheimer kaum beachtet wird: Sein eigenes philosophisches Werk läßt sich nämlich weniger als die Werke der anderen Mitglieder des inneren Kreises der Schule von der kollektiven Leistung der ganzen Gruppe ablösen. „Horkheimer bleibt dem Kollektivsingular dessen, was später ‚Frankfurter Schule' hieß, stärker verhaftet als die anderen Beteiligten." (Habermas, ebda.) Im Rückblick gesehen ist infolgedessen die Kritische Theorie dieser Schule im wesentlichen mit Horkheimers intellektueller Leistung identisch. Wenn man über kritische Theorie spricht, muß man also in erster Linie an Horkheimer denken. Dieser Umstand kompliziert jedoch das Verständnis der Wirkung von Horkheimers Werk auf andere Denker seiner Generation und besonders der späteren Zeit. Mit Ausnahme von wenigen Fällen, in denen die Autoren sich ausdrücklich auf Horkheimer berufen, werden im Zusammenhang mit der Frankfurter Schule meistens die Namen von Horkheimer, Adorno und Marcuse in einem Atem genannt, wahrscheinlich weil die beiden ersteren die Autoren des gemeinsamen Werkes über die Dialektik der Aufklärung sind und Horkheimer und Marcuse den Aufsatz über *Philosophie und kritische Theorie* verfaßten. (ZfS. 6/1937, 625–647) Genaugenommen schrieb Horkheimer den ersten und Marcuse den zweiten Teil des Aufsatzes, der jedoch im Inhaltsverzeichnis als gemeinsames Werk erscheint, und, was nicht weniger wichtig ist, arbeitete Horkheimer mit Marcuse und Adorno jahrelang engstens zusammen (aber auch mit Pollock und Löwenthal). Außerdem besteht kein Zweifel daran, daß von Adorno und Marcuse, unabhängig von Horkheimer, verschiedene Aspekte der Kritischen Theorie zum Ausdruck gebracht wurden. In der Literatur kommen gelegentlich andere Standpunkte zum Ausdruck, wie z. B. bei Gmünder, der die Kritische Theorie in ihrer klassischen Gestalt mit dem Gesamtwerk von Adorno gleichsetzt, weil dieser angeblich den Vorrang bei der Verfassung der *Dialektik der Aufklärung* gehabt habe und sein weiteres Werk die Prinzipien dieser Theorie entwickle, während Horkheimer seine Position verändert habe. (Gmünder, 48) Gmünder ist nur ein Beispiel dafür, wiewohl ein extremes, wie man den Begründer der Kritischen Theorie um die Früchte seiner intellektuellen Anstrengungen bringt.

2. Die zweite Generation der Schule:
Alfred Schmidt und Jürgen Habermas

Die zweite Generation der Frankfurter Schule wird von einer Gruppe von Denkern und Forschern repräsentiert, die in ihrer intellektuellen Tätigkeit durch die Denkmotive von Horkheimer (und Adorno) inspiriert wurden: Jürgen Habermas, Alfred Schmidt, Ludwig von Friedeburg, Albrecht Wellmer, Claus Offe u. a. Hier werde ich mich auf Schmidt und Habermas beschränken.

Alfred Schmidt hat als Horkheimers Assistent, als Herausgeber der *Dämmerung,* der *Notizen,* von Horkheimers Aufsätzen aus der *Zeitschrift für Sozialforschung* (die er unter dem Titel *Kritische Theorie* publizierte), der *Eclipse of Reason,* die er ins Deutsche übersetzte, der Wiederauflage der *Zeitschrift für Sozialforschung* und als Mitherausgeber der Gesammelten Schriften am meisten dazu beigetragen, daß Horkheimers Lehre und die Kritische Theorie im allgemeinen einen bleibenden Einfluß auf die Weiterentwicklung dieser Theorie ausgeübt haben. In seinem Werk über den *Begriff der Natur bei Marx,* das unter Horkheimer und Adorno als philosophische Doktorarbeit entstand, entwickelte er auf kreative Weise im Sinne der Lehre Horkheimers den kritischen, nicht weltanschaulich-dogmatisch verstandenen Materialismus. Er akzentuiert die Unmöglichkeit, etwas über die gegenständliche Welt auszumachen, wenn man von ihrer praktischen und geistigen Adoption durch die Gesellschaft abstrahiere, ohne deshalb die Objektivität unseres Wissens historistisch, skeptizistisch oder agnostizistisch zu bestreiten. In zahlreichen Aufsätzen und Büchern über die Kritische Theorie und ihre Geschichte, über Feuerbach, Schopenhauer, den Marxismus, Heidegger, Marcuse u. a. untersucht er Probleme der Theorie-Praxis-Relation, der Idealismus-Materialismus-Kontroverse, des Einflusses des Marxismus und Schopenhauers auf die Kritische Theorie, die Bedeutung der Natur und der Geschichte für die Gesellschaft und die Theorie der Gesellschaftsentwicklung.

Jürgen Habermas, der hervorragendste Vertreter der Kritischen Theorie heute, ist zugleich auch der berühmteste deutsche Sozialphilosoph und genießt bei vielen sogar den Ruf, der berühmteste Sozialtheoretiker unserer Zeit zu sein. In zirka 40 Büchern und in zahlreichen Aufsätzen entwickelte Habermas die Schlüsselprinzipien und -kategorien der Kritischen Theorie. In seinem Hauptwerk *Theorie des kommunikativen*

Handels entfaltete er eine Gesellschaftstheorie des kommunikativen Handels, die im Grunde genommen ein Versuch ist, den von Horkheimer und Adorno in der *Dialektik der Aufklärung* dargestellten Prozeß der Selbstzerstörung der menschlichen Vernunft und der katastrophalen Widersprüche der Zivilisation, die zu einer pessimistischen Zukunftsprognose führen, durch eine andere Interpretation und ein theoretisches Modell zu ersetzen, die die Aporien der älteren Kritischen Theorie auflösen. Habermas, der Horkheimers und Adornos „späte melancholische Sekpsis gegenüber einer verwirklichbaren Aufhebung der gesellschaftlichen Misere nicht teilt" (Leo Löwenthal), sieht den Hintergrund der von Horkheimer analysierten modernen Bewußtseinsgeschichte und der Herausbildung der instrumentellen Vernunft als der herrschenden Form der Rationalität in dem von Max Weber so genannten Prozeß der Entzauberung.

Habermas argumentiert u. a. auf folgende Weise: Für Horkheimer und Adorno bedeute die Verselbständigung der Subsysteme zweckrationalen Handels die Selbstentäußerung der Individuen, die sich mit Leib und Seele nach der technischen Apparatur zu formen haben. Die Kritik der instrumentellen Vernunft sei *de facto* eine Kritik der Verdinglichung, die an Lukács' Version der Verdinglichung anknüpfe, ohne allerdings die Konsequenzen seiner objektivistischen und deterministischen Geschichtsphilosophie in Kauf zu nehmen. Diese Version sei außerdem durch den Fehlschlag der Revolution und die Enttäuschung bezüglich der revolutionären Rolle des Proletariats dementiert worden. Deshalb seien Horkheimer und sein Partner gezwungen gewesen, ihre Kritik auf die Vernunft und den Zivilisationsprozeß im allgemeinen auszudehnen. Damit aber seien die Konturen des Vernunftbegriffs verschwommen, und die Theorie sei zur Kontemplation geworden, die die Praxis verleugnet und als dominierende Kraft in die Kunst abwandere. Dennoch hätten die Autoren der *Dialektik der Aufklärung* ihre Aufgabe nicht in einer Wissenschaftskritik gesehen und nicht an die Situation des Zerfalls der objektiven Vernunft angeknüpft, um anhand der entäußerten objektiven Vernunft einen durch Selbstreflexion erweiterten Begriff der Erkenntnis zu entwickeln. Sie hätten statt dessen die subjektive Vernunft, die einzige Instanz der Kritik, die ihnen zur Verfügung stand, einer totalen und unnachsichtigen Kritik unterzogen und damit in den verzerrenden Sog der instrumentellen Vernunft mit einbezogen. Das sei das große Paradoxon und der fundamentale Widerspruch der reifen Kritischen Theorie Horkheimers und Adornos: Unter den Trümmern der von ihnen begrabenen Vernunft liegt auch die Wahrheit, aus der das Denken seine Kraft bezieht. Nicht nur habe das in der *Dialektik* bezeichnete Verhängnis der Unmöglichkeit authentischer theoretischer Selbstaufklärung das Werk von Horkheimer und Adorno notwendigerweise unmöglich gemacht, sondern in der Konsequenz hätten auch spätkapitalistische Massenkultur und der totalitäre Zwang des Nationalsozialismus den Freiheitsraum der autonomen Willensbildung auf solche Art begrenzt, daß die Menschen nicht einmal mehr eine Utopie der Erkenntnis besäßen. (Habermas 1981, Bd. 1, 461–516)

Im Gegenzug zur Kritischen Theorie von Horkheimer (und Adorno) entwickelt Habermas seine eigene Gesellschaftstheorie als Grundlegung einer Theorie des kommunikativen und zwanglosen Handelns. Für unsere Zwecke genügt die Feststellung, daß seine Theorie nicht einfach ein Gegenstück zu der älteren Kritischen Theorie bildet, sondern als Fortführung einer durch die Kritische Theorie eröffneten Fragestellung zu betrachten ist, die in der sich verändernden gesellschaftlichen und politischen Situation des Wohlfahrtsstaates eine neue theoretische Kritik verlangt. Habermas wirft viel Ballast über Bord, sichert seine Positionen logisch und wissenschaftlich ab, wobei er sich auf die analytische Sprachphilosophie stützt und in seiner Argumentation in hohem Maße durch die angloamerikanische Sprachphilosophie und Gesellschaftstheorie beeinflußt ist. Er bietet insgesamt einen wesentlich optimistischeren Ausblick auf die Zukunft als die alte Kritische Theorie.

3. Der Einfluß Horkheimers auf die Theologie

Der katholische Theologe Juan Jose Sanchez, Autor einer umfangreichen Abhandlung über Horkheimers Theorie (s. Literaturverzeichnis), und der katholische Religions- und Gesellschaftsphilosoph Werner Post, der Verfasser des Buches *Kritische Theorie und metaphysischer Pessimismus. Zum Spätwerk Max Horkheimers,* berufen sich in ihrem Versuch, einige Momente der Kritischen Theorie für den katholischen Glauben zu adoptieren, auf Horkheimer. Zugleich unterziehen sie die marxistischen oder „ideologischen" Elemente der Theorie Horkheimers einer strengen Kritik. Post ist im Recht mit seiner Meinung, daß der Wandel von marxistisch geprägter Gesellschaftstheorie zu einer pessimistisch-kulturkritisch bestimmten Geschichtsphilosophie bei Horkheimer eine Akzentverlagerung, aber keinen Bruch mit seinem früheren Werk erkennen lasse. Post erkennt, daß Horkheimer, besonders in den dreißiger Jahren, an die Marx'sche Kritik der Religion anknüpft, und zitiert verschiedene Stellen aus Horkheimers Texten, um dies zu belegen. Er ist überzeugt, daß Horkheimer wesentliche Motive der Marx'schen Religionskritik aufnimmt (Post ist auch Verfasser eines Buches über Karl Marx' Religionsauffassung): Religion sei wesentlich Ideologie, historisch-notwendiges falsches Bewußtsein; die humanistischen Impulse der religiösen Tradition gingen ein in den Kampf um eine bessere Welt; in dem Maße, in dem diese realisiert werde, werde der Boden für religiöse Überzeugungen schwinden usw. Über diesen Standpunkt gehe Horkheimer jedoch hinaus. Post hält Horkheimers Anschauungen in bezug auf die Verlassenheit des Menschen und die Maßlosigkeit der zerstörten religiösen Illusion, Horkheimers Begriff des Unendlichen als Bewußtsein der Endgültigkeit des irdischen Geschehens, seine Bemerkungen über das Bewußtsein der Vergänglichkeit und die Bitterkeit des Endes, über die Sehnsucht nach dem „ganz anderen" für relevant für die katholische Theologie. Seine intellektuelle Redlichkeit hindert ihn jedoch, Horkheimers Denken als religiös geprägtes zu sehen. Er stellt richtig fest, daß Horkheimer niemals auf materialistisch-kritisches Denken verzichtet habe (vgl. das Stichwort „Horkheimer" in Karl-Heinz Weger).

Sanchez untersucht Horkheimers Werk im Hinblick auf die Gottesfrage. Auch er findet, daß Horkheimers Spätwerk keinen undialektischen Bruch und die Kapitulation seiner emanzipatorischen Intention vor der Theologie bedeute, wie es einige Forscher suggeriert haben. Sanchez bekennt sich zur sog. „Theologie der Befreiung" und votiert für eine bestimmte politisch-gesellschaftliche Praxis, die die Situation, die besonders Südamerika kennzeichnet, daß nämlich die Mehrheit der Menschen um ihre Identität und Würde betrogen werde, real überwindet und eine sinnvolle Wirklichkeit für alle schafft. Um die „Theologie der Befreiung" wissenschaftlich zu fundieren, beruft er sich auf Karl Rahner, der den Versuch unternommen habe, die traditionelle katholische Dogmatik auf der Grundlage der neuzeitlichen Anthropologie und eines modernen Existenzverständnisses kritisch zu revidieren. Eine zusätzliche Unterstützung für seine Position sucht Sanchez in der politischen Theologie von Jürgen Moltmann, die z. B. ohne weitere Begründung an der Einheit von der befreienden Praxis und der Existenz Gottes festhält. Gerade diese Einheit wird von Horkheimer und seiner Kritischen Theorie freilich mit der Begründung bestritten, daß die bisherige christliche Praxis mit dem schlechten Bestehenden in ursächlichem Zusammenhang stehe. Sanchez meint, man solle einerseits die christliche Praxis ändern, um die Theologie zu stärken, andererseits empfiehlt er, Gedanken der Theoretiker der Kritischen Theorie zu rezipieren, weil sie für die Theologie große Bedeutung hätten. Das gelte in erster Linie für Horkheimer, der an der Idee universaler Gerechtigkeit festhalte und jeden billigen affirmativen Trost ablehne. Sein metaphysischer Pessimismus, in dem sich sein Bewußtsein von der Endgültigkeit irdischen Geschehens und des Todes ausdrücke, stehe im Zeichen der Solidarität mit den Opfern der Geschichte, deren unabgegoltene Hoffnung in der Erinnerung der Lebenden zwar aufgehoben, jedoch nicht versöhnt werden könne (Horkheimer denkt dabei an das Judentum und erwähnt mit keinem Wort das Christentum, für das nicht die Erinnerung, sondern die Erlösung der individuellen Seele das Hauptproblem sei). Diesem Bewußtsein entspringe die Sehnsucht nach vollendeter Gerechtigkeit, nach dem Absoluten, dessen dogmatische Behauptung Horkheimer gerade im Namen der Opfer der Geschichte ebenso wie aus erkenntnistheoretischen Gründen konsequent bestreite. Diese Sehnsucht sei in Horkheimers Begriff der Praxis integriert, was besage, daß die Sehnsucht nach vollendeter Gerechtigkeit eine Bedingung der echten Praxis, der Praxis der universalen Gerechtigkeit sei. Diese Sehnsucht könne aus zwei Gründen für das theologische Verständnis der Wirklichkeit eine Relevanz haben: 1) Die in der Sehnsucht intendierte Wirklichkeit werde nämlich für die *anderen,* denen die Geschichte bisher ihre Subjektwerdung unmöglich machte, postuliert. Auch sie würden von der Praxis universaler Solidarität umfaßt. 2) Horkheimer läßt die Frage nach jener Wirklichkeit offen und widersetzt sich jedem Versuch, aus ihr einen Gottesbeweis zu konstruieren. Diese Offenheit der Sehnsucht sei von fundamentaler Bedeutung für die Theologie, weil sie negativ besagt, daß die in Frage stehende Wirklichkeit – bei Horkheimer allerdings nur eine Möglichkeit – nicht in einer (Gottes-) Idee aufgehen müsse.

Auf diese Art und Weise möchte Sanchez Horkheimers Ideen mit der katholischen Dogmatik versöhnen. Dabei wird deutlich, daß die Methode, der er sich bedient, um Horkheimers Auffassungen für seine eigenen Intentionen in Anspruch zu nehmen, ungefähr auf der gleichen Stufe steht, wie die Adoption der Kritischen Theorie durch die revolutionäre Studentenbewegung Ende der sechziger Jahre: Man zitiert die passenden Zitate und bringt sie in der eigenen Theologie bzw. radikalen und destruktiven Theorie unter. Ob das jedoch Horkheimers Intentionen entspricht, ist eine ganz andere Frage.

Anhang

Zeittafel

1895	Max Horkheimer wird als Sohn des jüdischen Textilfabrikanten Moritz (Moses) Horkheimer in Zuffenhausen bei Stuttgart geboren
1910	Schulabgang mit Mittlerer Reife. Lehrling in Vaters Fabrik
1912–1914	Volontär und Lehrling im Ausland
1914–1917	Junior-Chef im väterlichen Betrieb
1916	Erste Begegnung mit Rose Riekher
1917	Soldat im Ersten Weltkrieg
1919–1922	Externabitur in München. Studium der Psychologie, Philosophie und Nationalökonomie in München, Frankfurt und Freiburg
1922	Promotion mit summa cum laude bei Cornelius in Frankfurt
1925	Habilitation an der Universität Frankfurt
1925–1930	Privatdozent in Frankfurt
1926	Eheschließung mit Rose (Maidon) Rieckher
1930	Ordentlicher Professor und Direktor des Instituts für Sozialforschung in Frankfurt
1932	Veröffentlichung der ersten Nummer der *Zeitschrift für Sozialforschung* (ZfS)
1933	Flucht in die Schweiz. Schließung des Instituts wegen „staatsfeindlicher Tendenzen". Das Institut in Genf
1934	Emigration nach New-York. In Genf erscheint die *Dämmerung.* Errichtung des Instituts an der Columbia University
1937	*Traditionelle und kritische Theorie*
1940	Übersiedlung nach Pacific Palisades in Kalifornien. Der letzte Jahrgang der ZfS erscheint in New York
1944	*Dialektik der Aufklärung* erscheint in hektographierter Ausgabe
1947	*Eclipse of Reason.* Die Veröffentlichung der *Dialektik der Aufklärung* im Querido Verlag in Amsterdam
1949–1950	Herausgeber von 5 Bänden *Studies in Prejudice*
1949	Rückkehr nach Frankfurt. Berufung an die Universität
1950	Wiedererrichtung des Instituts für Sozialforschung
1951–1953	Rektor der Universität. Goethe-Plakette der Stadt Frankfurt
1954–1959	Gastprofessor der University of Chicago

1959	Emeritierung. Niederlassung in Montagnola in der Schweiz
1960	Ehrenbürger der Stadt Frankfurt
1969	Tod seiner Frau Maidon und Theodor W. Adornos
1970	Tod von Friedrich Pollock
1971	Lessing-Preis der Stadt Hamburg
1973	Tod durch Herzversagen in Nürnberg

Bibliographie

I. Schriften von Horkheimer

Die meisten Aufsätze von Horkheimer bis 1941 wurden in der *Zeitschrift für Sozialforschung* veröffentlicht. Ein Reprint der *Zeitschrift* erschien 1970 in München und zehn Jahre später auch eine *populäre broschierte Ausgabe*. – Eine Bibliographie der Erstveröffentlichungen Max Horkheimers hat Schmid Noerr zusammengestellt in: Schmidt/Altwicker, Max Horkheimer heute: Werk und Wirkung, 372–383.

1. Einzelveröffentlichungen

1922 Zur Antinomie der teleologischen Urteilskraft, Dissertation, Typo-skript, Frankfurt.

1925 Über Kants Kritik zur Urteilskraft als Bindeglied zwischen theoreti-scher und praktischer Philosophie, Habilitationsschrift, Frankfurt.

1930 Anfänge der bürgerlichen Geschichtsphilosophie, Stuttgart.

1934 Dämmerung. Notizen in Deutschland, Zürich 1934.

1944 (Mit Theodor W. Adorno) Philosophische Fragmente, Hektogra-phiertes Typoskript, New York.

1947 Eclipse of Reason, New York.

1947 (Mit Theodor W. Adorno) Dialektik der Aufklärung. Philosophische Fragmente, Amsterdam.

1949 (Mit Samuel H. Flowermann) (Hrsg.) Studies in Prejudice, 5 Bände.

1963 (Hrsg.), Zeugnisse. Theodor W. Adorno zum 60. Geburtstag, Frank-furt.

1967 Zur Kritik der instrumentellen Vernunft, hrsg. v. Alfred Schmidt, Frankfurt.

1968 Kritische Theorie. Eine Dokumentation, 2 Bände, hrsg. v. A. Schmidt, Frankfurt.

1969 Dialektik der Aufklärung, Neuauflage, Frankfurt.

1970 Die Sehnsucht nach dem ganz Anderen, hrsg. v. Helmut Gumnior, Hamburg.

1972 Gesellschaft im Übergang. Reden und Vorträge 1942–1970, hrsg. v. Werner Brede, Frankfurt.

1972 Sozialphilosophische Studien. Reden und Vorträge 1942–1970, hrsg. v.
      Werner Brede, Frankfurt.
1974 Aus der Pubertät. Novellen und Tagebuchblätter, hrsg. v. Alfred
      Schmidt, München.
1974 Notizen 1950 bis 1969 und Dämmerung, Notizen in Deutschland,
      hrsg. v. Werner Brede, Frankfurt.

2. Gesammelte Schriften

Gesammelte Schriften, hrsg. v. Alfred Schmidt u. Gunzelin Schmid Noerr.
Bisher erschienen 14 Bände, Frankfurt 1985 ff.:
 1 Aus der Pubertät. Novellen und Tagebuchblätter 1914–1918, 1988.
 2 Philosophische Frühschriften 1922–1932, 1987.
 3 Schriften 1931–1936, 1988.
 4 Schriften 1936–1941, 1988.
 5 Dialektik der Aufklärung und Schriften 1940–1950, 1987.
 6 Kritik der instrumentellen Vernunft und Notizen 1949–1969, 1991.
 7 Vorträge und Aufzeichnungen 1949–1973, 1985.
 8 Vorträge und Aufzeichnungen 1949–1973, 1985.
 9 Nachgelassene Schriften 1914–1931, 1987.
10 Nachgelassene Schriften 1914–1931, 1990.
11 Nachgelassene Schriften 1914–1931, 1987.
12 Nachgelassene Schriften 1931–1949, 1985.
13 Nachgelassene Schriften 1949–1972, 1989.
14 Nachgelassene Schriften 1949–1972, 1988.

II. Sekundärliteratur in Auswahl

Ein Verzeichnis der Sekundärliteratur bis 1986, das 189 deutsch- und eng-
lischsprachige Publikationen über Horkheimer umfaßt, hat Rene Goertzen
zusammengestellt in: Schmidt/Altwicker, Max Horkheimer heute: Werk
und Wirkung, 384–399.
Apel, Hartmut: Die Gesellschaftstheorie der Frankfurter Schule. Materialien
   zur Kritischen Theorie von Adorno, Horkheimer und Marcuse, Frankfurt
   1980.
Cramer, Erich: Hitlers Antisemitismus und die Frankfurter Schule, Düssel-
   dorf 1979.
Dubiel, Helmut: Wissenschaftsorganisation und politische Erfahrung. Studien zur frühen Kritischen Theorie, Frankfurt 1978.
Geyer, Carl Friedrich: Kritische Theorie. Max Horkheimer und Theodor
   W. Adorno, Freiburg/München 1982.

Gmünder, Ulrich: Kritische Theorie. Horkheimer, Adorno, Marcuse, Habermas, Stuttgart 1985.

Gumnior, Helmut/Rudolf Ringguth: Max Horkheimer in Selbstzeugnissen und Bilddokumenten, Reinbek bei Hamburg 1973.

Habermas, Jürgen: Theorie des kommunikativen Handelns, 2 Bände, Frankfurt 1981.

Ders.: Texte und Kontexte, Frankfurt 1991.

Ders. u. a.: Gespräche mit Herbert Marcuse, Frankfurt 1978.

Held, David: Introduction to Critical Theory. From Horkheimer to Habermas, London 1980.

Hesse, Heidrun: Vernunft und Selbstbehauptung. Kritische Theorie als Kritik der neuzeitlichen Rationalität, Frankfurt 1984.

Honneth, Axel: Kritik der Macht. Reflexionsstufen einer kritischen Gesellschaftstheorie, Frankfurt 1985.

Honneth, Axel/Wellmer, Albrecht (Hrsg.): Die Frankfurter Schule und die Folgen, Berlin 1986.

Jay, Martin: The Dialectical Imagination. A History of the Frankfurt School and the Institute of Social Research 1923–1950, Boston/Toronto 1973. Dt.: Dialektische Phantasie. Die Geschichte der Frankfurter Schule und des Instituts für Sozialforschung 1923–1950, Frankfurt 1976.

Küsters, Gerd-Walter: Der Kritikbegriff der Kritischen Theorie Max Horkheimers. Historisch-systematische Untersuchung zur Theoriegeschichte, Frankfurt/New York 1980.

Lienert, Franz: Theorie und Tradition. Zum Menschenbild im Werke Max Horkheimers, Bern/Frankfurt/Las Vegas 1977.

Löwenthal, Leo: Mitmachen wollte ich nie, Frankfurt 1980.

Maor, Maimon: Max Horkheimer, Berlin 1981.

Migdal, Ulrike: Die Frühgeschichte des Frankfurter Instituts für Sozialforschung, Frankfurt/New York 1981.

Pollock, Friedrich: Staatskapitalismus. In: Wirtschaft, Recht und Staat im Nationalsozialismus. Analyse des Instituts für Sozialforschung 1939–1942, hrsg. v. H. Dubiel u. A. Söller, Frankfurt 1984.

Post, Werner: Kritische Theorie und metaphysischer Pessimismus. Zum Spätwerk Max Horkheimers, München 1971.

Reijen, Willem van: Horkheimer zur Einführung, Hannover 1982.

Sanchez, Juan Jose: Wider die Logik der Geschichte. Religionskritik und die Frage nach Gott im Werk Max Horkheimers, Köln 1980.

Schmidt, Alfred: Die Kritische Theorie als Geschichtsphilosophie, München, Wien 1976.

Ders.: Zur Idee der Kritischen Theorie. Elemente der Philosophie Max Horkheimers, München 1974.

Ders.: Der Begriff der Natur in der Lehre von Marx, 4. überarb. Auflage Stuttgart 1993.

Schmidt, Alfred/Norbert Altwicker: Max Horkheimer heute. Werk und Wirkung, Frankfurt 1986.

Simmel, Ernst (Hrsg.): Antisemitismus, Frankfurt 1993.

Skuhra, Anselm: Max Horkheimer. Eine Einführung in sein Denken, Stuttgart 1974.

Slater Phil: Origin and Significance of the Frankfurt School. A Marxist Perspective, London/Boston 1977.

Söllner, Alfons: Geschichte und Herrschaft. Studien zur materialistischen Sozialwissenschaft 1929–1942, Frankfurt 1979.

Staudinger, Hugo: Die Frankfurter Schule. Menetekel der Gegenwart und Herausforderung an die christliche Theologie, Würzburg 1982.

Tar, Zoltán: The Frankfurt School. The Critical Theories of Max Horkheimer and Theodor W. Adorno, New York/London 1977.

Theunissen, Michael: Kritische Theorie der Gesellschaft. Zwei Studien, Berlin, New York 1981.

Traubel, Michael: Die Religion in der Kritischen Theorie bei Max Horkheimer und Theodor W. Adorno, Dissertation, Freiburg i. Br. 1978.

Weger, Karl-Heinz (Hrsg.): Religionskritik von der Aufklärung bis zur Gegenwart. Autoren-Lexikon von Adorno bis Wittgenstein, Freiburg/Basel/Wien 1979.

Wiggershaus, Rolf: Die Frankfurter Schule. Geschichte, Theoretische Entwicklung, Politische Bedeutung, München 1986.

Personenregister

Weil, Hermann 26
Wellhausen, Julius 145
Wellmer, Albrecht 158
Wertheimer, Max 21
Wiesengrund, Theodor s. Adorno

Wilhelm II. 16, 118
Wittfogel, Karl A. 27f., 155
Wolff, Georg 57

Zola, Emile 15

Sachregister

Beck'sche Reihe
„Denker"

Herausgegeben von Otfried Höffe

Weitere Bände in Vorbereitung

Philosophie bei C. H. Beck

Wolfgang Röd
Der Weg der Philosophie von den Anfängen bis ins 20. Jahrhundert
Band 1: Altertum, Mittelalter, Renaissance
1994. 525 Seiten. Leinen

Thomas Buchheim
Die Vorsokratiker
Ein philosophisches Porträt
1994. 262 Seiten. Kartoniert

Rafael Ferber
Philosophische Grundbegriffe
Eine Einführung
2., durchgesehene Auflage. 1994. 184 Seiten. Paperback
Beck'sche Reihe Band 1054

Otto A. Böhmer
Sternstunden der Philosophie
Schlüsselerlebnisse großer Denker von Augustinus bis Popper
2., unveränderte Auflage. 1994. 215 Seiten. Paperback
Beck'sche Reihe Band 1030

Günther Anders
Der Blick vom Mond
Reflexionen über Weltraumflüge
2. Auflage. 1994. 190 Seiten. Paperback
Beck'sche Reihe Band 1056

Dietrich Böhler (Hrsg.)
Ethik für die Zukunft
Im Diskurs mit Hans Jonas
1994. Ca. 450 Seiten. Broschiert

Verlag C. H. Beck München

Philosophie und Kunst

Kurt Hübner
Die zweite Schöpfung
Das Wirkliche in Kunst und Musik
1994. 202 Seiten mit 1 Abbildung. Leinen

Günther Anders
Obdachlose Skulptur
Über Rodin
Aus dem Englischen von Werner Reimann.
1994. 124 Seiten, 35 Abbildungen. Paperback
Beck'sche Reihe Band 1060

Wolfhart Henckmann/Konrad Lotter (Hrsg.)
Lexikon der Ästhetik
1992. 280 Seiten. Paperback
Beck'sche Reihe Band 466

Walter Grasskamp
Die unästhetische Demokratie
Kunst in der Marktgesellschaft
1992. 169 Seiten. Paperback
Beck'sche Reihe Band 475

Heinrich Klotz
Kunst im 20. Jahrhundert
Moderne – Postmoderne – Zweite Moderne
1994. 212 Seiten mit 93 Abbildungen, davon 8 Abbildungen in Farbe.
Klappenbroschur

Hans Belting
Das Ende der Kunstgeschichte
Eine Revision nach zehn Jahren
1995. 232 Seiten mit 52 Abbildungen. Klappenbroschur

Verlag C. H. Beck München